AF231063

L'Europe,
notre destin

Yvon Bourges

L'Europe,
notre destin

HACHETTE
Littératures

Préface

Cette étude sur la situation de l'Europe et ses perspectives d'avenir est d'une importance particulère. L'auteur n'est pas seulement le président de l'Union paneuropéenne de France, c'est-à-dire de la plus vieille organisation européenne dans ce pays, mais fut aussi un des confidents du général de Gaulle. Il lui est donc possible, par ses contacts personnels, de rectifier certaines fausses idées au sujet d'un des plus grands hommes d'Etat de notre époque.

On a toujours fait des procès d'intention au général de Gaulle. On l'a appelé un anti-européen et on a accusé l'homme qui a été le sauveur de son pays dans la période la plus critique de son existence de ne plus être un patriote alors que, avec son esprit réaliste, il avait eu la vision douloureuse mais correcte de la nécessité d'abandonner le rêve d'une Algérie française pour sauver la France elle-même en acceptant des faits incontournables en ce qui concerne les destinées des possessions d'outre-mer.

Ceux qui ont eu le bonheur de connaître le général de Gaulle savaient fort bien qu'il n'était pas un anti-européen. Il était certes trop peu flexible pour certains des pères de l'Europe unie; mais ce sont justement les partenaires difficiles qui plus d'une fois rendent les plus grands services. Ils sont l'élément essentiel de la défense contre les facilités qui sont souvent plus destructrices que les résistances. Par cela ils sont un des facteurs essentiels d'une construction historique comme est l'Europe unie. Ce sont les paroles du général de Gaulle qui ont bien montré cette attitude de l'esprit de celui qu'à juste titre on a appelé « l'homme d'après-demain et d'avant-hier ». Il avait déclaré, dans une conversation avec mon frère à Londres fin 1942 ou début 1943, qu'il n'y aurait jamais de paix véritable en Europe sans une révision du traité de Verdun et sans une retrouvaille entre les Francs de l'Est et de l'Ouest. Une autre parole qui reflétait bien sa pensée profondément européenne a été celle qu'il prononça devant un de ses plus fidèles collaborateurs à la fin d'un Conseil des ministres : « Charlemagne a encore de l'avenir. »

On ne peut donc pas juger le général de Gaulle d'après ses attitudes vis-à-vis des événements passagers, mais selon sa vision plus large de l'Europe. C'est par cela qu'il a évité les solutions bureaucratiques souvent mesquines, et les remplaça par la grande perspective européenne.

Le ministre Yvon Bourges parle dans son livre en connaissance de cause de la tâche politique de l'Europe. Dans une construction aussi historique que l'Union européenne, celle-ci est justement le facteur primordial. Si nous comparons l'Europe à un bateau, on peut dire que l'économie est la machine, mais la politique c'est le gouvernail. Or, un bateau sans gouvernail, et avec une machine travaillant à plein rendement, sombrera inévitablement.

C'est donc la primauté du politique qui est la pensée maîtresse non seulement du général de Gaulle, mais aussi de l'étude que Yvon Bourges nous présente. Bien entendu, en politique il y aura toujours certaines différences. Il y aura de nombreuses personnes qui ne seront pas d'accord avec telle ou telle proposition concrète. Cela d'ailleurs est naturel. Créer l'Europe est un travail de longue haleine qui dépassera certainement la durée de la vie de notre génération. Ce qui est important, c'est que l'on ouvre la discussion, que l'on commence à faire certaines réalisations et que surtout on ne s'arrête pas en bon chemin.

Il est probable que l'Europe qui sera celle du surlendemain historique, sera différente des formules et des catégories dans lesquelles on vit à présent. Face à cette réalité nous devons penser à l'avenir, voir les grandes lignes et en même temps nous tenir prêts, l'heure venue, à discuter des détails pratiques, c'est-à-dire des institutions, mais aussi des facteurs permanents, qu'il s'agisse de régions, de peuples, de gouvernements. Ce qui est important, c'est de voir le but véritable de cette Europe, de lui donner un sens qui sera de par sa nature politique et surtout de réaliser que l'on ne pourra jamais résoudre les problèmes véritables de notre époque en se limitant à l'économie.

Ce que nous devons rechercher, c'est une discussion franche des différents points de vue, qui nécessairement seront influencés par l'héritage historique des différents peuples qui composent notre continent. Le passé, que nous le voulions ou non, forme notre pensée. Il y a donc des différences qui ne seront résolues que par une discussion franche avec les autres facteurs dans le but de trouver une solution générale qui maintienne la grande vision d'une Europe politique, tout en y adaptant des formes pratiques pour sa réalisation.

C'est à cette discussion que le ministre président Yvon Bourges nous appelle. Il est très heureux qu'un homme qui a pu représenter une des traditions les plus glorieuses de notre siècle, nous offre les fruits de ses réflexions dans un style clair et bien compréhensible pour ses contemporains. Il ouvre ainsi un dialogue qui certainement connaîtra des difficultés, mais qui, j'en suis certain, fera avancer l'Europe d'un pas important vers ce but qui nous est commun, cette Europe des patries et la sauvegarde de cette civilisation que nous léguèrent les siècles d'une histoire dont, à juste titre, nous pouvons être fiers.

Otto de Habsbourg

Avertissement

L'Europe fut un sujet de débat devant l'opinion durant les années 50. L'entrée en vigueur de la Communauté européenne en 1959 l'installa dans les esprits, et les étapes qui jalonnèrent depuis quarante ans son développement l'imposèrent sans contestation vigoureuse. La ratification des traités de Maastricht et d'Amsterdam permit d'en débattre à nouveau, et l'élection du Parlement européen le 13 juin 1999 est l'occasion d'un nouvel affrontement dans lequel la diversité des sentiments et des propositions, au-delà des programmes et des partis, rend plus difficilement compréhensible pour les citoyens l'enjeu de l'avènement de l'Union européenne.

C'est pourtant un projet d'une très grande importance pour les pays et pour les peuples de notre continent, c'est un enjeu fondamental pour l'avenir que celui de rassembler les Etats européens dans un ensemble politique permettant aux Européens d'intervenir dans les affaires du monde pour y faire valoir leurs intérêts, mais aussi et surtout leurs valeurs au service de la paix et de la solidarité internationale.

Ces pages n'ont d'autre ambition que d'apporter une réflexion sur le sujet avec l'espoir qu'elles puissent constituer une contribution utile.

Que l'on veuille bien comprendre que mon propos n'est pas de me situer dans le débat électoral, mais d'analyser la situation présente et de proposer des orientations qui me paraissent conformes à l'enseignement et à l'exemple que nous a laissés le général de Gaulle. Pas plus qu'un autre, je ne saurais prétendre traduire ici sa pensée, car nul ne sait ce qu'il ferait aujourd'hui. C'est donc ce qu'il a dit et ce qu'il a accompli qui peut constituer la base de nos convictions, et l'on comprendra que, dans cet essai, je m'adresse surtout à ceux auxquels l'avènement de l'Union européenne pose la question du rôle et du devenir de la France.

Parmi les prises de position qui se sont manifestées dans l'ensemble de l'éventail des opinions, et pas seulement dans la famille gaulliste, quelques-unes récusent purement et simplement l'inclusion de la France dans un ensemble européen, considérant que nous y perdrions notre liberté d'action en Europe et dans le monde. Pour certains d'ailleurs, cette position n'est pas exempte d'arrière-pensées plus partisanes, car ils considèrent que l'Union, à l'instar de ce qui s'est développé à travers la Communauté économique européenne, engage le pays dans la voie de l'économie de marché à laquelle ils sont viscéralement opposés.

A l'inverse, une option dont l'ampleur ne doit pas être méconnue et qu'expriment des personnalités d'engagements politiques différents voudrait que se constitue un pouvoir politique européen qui s'imposerait aux pouvoirs nationaux. Ce choix exprime la volonté de voir les Européens unis dans un Etat, mais on ne peut cependant nier qu'ainsi les nations d'Europe seraient ramenées au rôle de collectivités fondues dans ce grand ensemble. C'est sans doute une position extrême que beaucoup de ceux qui adhèrent à son esprit récuseront, mais il faut bien voir que l'organisation actuelle de la Communauté européenne est hybride et que la confusion qui en résulte – on l'a vu récemment à l'occasion de la démission de la Commission – risque d'entraîner insidieusement l'Europe dans une voie qui n'aurait pas été réellement voulue par tous.

Ce que l'on sait, en tout cas, c'est que le général de Gaulle récusait ces deux visions de l'Europe. Par ses décisions, il a prouvé sa volonté de voir l'Europe s'affirmer en tant que telle et librement dans les affaires du monde, et l'on sait les efforts qu'il a déployés dans ce dessein.

Or, voici que l'on est arrivé à l'heure des choix, moment décisif pour notre avenir et pour celui de tous les Européens. Non pas à propos de la seule élection du Parlement européen, moment important dans la vie politique de l'Europe, mais dont l'enjeu premier est le choix des personnes et, à travers elles, du projet que chacune porte.

Ce qui est essentiel résulte de la décision du Conseil européen de ne pas poursuivre l'élargissement de l'Union dans le cadre des traités fondateurs intervenus il y a plus de quarante ans et ne correspondant ni à la situation présente du monde et de l'Europe délivrée du joug soviétique, ni à l'avènement de l'Union européenne comme puissance dans la vie internationale. Ne nous leurrons pas, c'est bien la constitution de l'Union européenne et l'organisation de ses pouvoirs qui sont déterminantes pour notre avenir et pour celui de toutes les nations d'Europe.

C'est en pensant à ce stade décisif que je me suis engagé dans la rédaction de cet essai, qui se veut autant une proposition constructive qu'une mise en garde contre des dérives qui me paraissent dangereuses et donc inacceptables.

A mes amis qui doutent, rappelons ce que le général de Gaulle a fait ou tenté de faire lorsqu'il était au pouvoir pour permettre l'apparition de l'Europe sur la scène internationale et fonder sa construction sur la réconciliation franco-allemande. Retenons aussi l'enseignement de ses refus de ce qui pouvait entraver la liberté d'action des Européens et l'affirmation de leur personnalité propre. Mais ne nous trompons pas de combat.

Il ne s'agit plus, il ne doit pas s'agir aujourd'hui, de débattre du passé, mais de se tourner vers l'avenir, et c'est avec un regard neuf que nous devons le faire. Il y a des acquis positifs dans ce qui a été accompli par la Communauté européenne, mais il y a aussi des décisions qui, compréhensibles dans l'organisation actuelle, ne correspondent pas à l'ambition nouvelle de l'Europe, acteur de première importance dans la vie internationale.

Je crains que les décisions qui affaiblissent n'aient ainsi pour cause une erreur quant au vrai débat pour l'Europe, voulant croire qu'elles ne sauraient avoir pour origine des rancœurs ou des ambitions personnelles.

L'essentiel pour nous, aujourd'hui, est de considérer et de comprendre les changements profonds qui amènent dans le monde des situations dont l'évolution est encore largement en devenir. Aussi ce qui a été entrepris en Europe au début de la seconde moitié de notre siècle doit désormais répondre, alors que vient de disparaître l'empire totalitaire du communisme soviétique, à des ambitions nouvelles.

Si nous en restions en Europe à un schéma marqué par les circonstances historiques d'il y a cinquante ans et établi sur des bases qui ne correspondent plus exactement aux données d'aujourd'hui, nous ne saurions satisfaire à ce que le monde peut attendre de nous et aux ambitions légitimes de nos peuples.

Le temps est venu des décisions qui vont engager l'avenir de nos enfants. C'est dire qu'il ne faut manquer ni d'audace, ni de réalisme, ni de courage dans la recherche des voies qui permettront aux nations d'Europe et à la France de tenir leur rôle dans le monde à venir.

La guerre contre Slobodan Milosevic en Yougoslavie ne manque pas d'incidences évidentes sur l'Union Européenne. La purification ethnique que le président Serbe conduit au Kosovo ne peut être admise et, pour le présent comme pour l'avenir, il est impossible de laisser s'installer au cœur de l'Europe une idéologie totalement incompatible avec le fondement même de l'idéal démocratique. Le mal est d'autant plus grave qu'il mobillise le peuple Serbe dans un sentiment à connotation raciste et religieuse exploité par un pouvoir où les séquelles du communisme d'hier ont une large place. L'engagement des pays démocratiques contre cette entreprise, pour légitime qu'il puisse être, poursuit à travers l'épreuve d'opérations de guerre la recherche d'un accord permettant à la turbulente région des Balkans de s'organiser dans le respect mutuel de ses peuples et de constituer ainsi une composante pacifiée de l'Europe unis.

Cependant on ne saurait méconnaître les conséquences de la guerre, les traces qui demeureront rendant difficile la réconciliation souhaitée dans l'intérêt de tous, sans parler des dommages matériels à relever.

L'énergie et le courage ne devront pas manquer aux dirigeants européens pour en poursuivre la réalisation mais aussi et surtout pour hâter l'avènement d'une volonté politique commune dont la défaillance a amené là où nous en sommes en Yougoslavie et conduit à une sorte de subordination aux Etat-Unis pour le règlement d'une affaire interne à l'Europe.

Loin de détourner de la construction européenne ces événements dramatiques doivent renforcer la volonté des Européens de s'affirmer, par eux-mêmes, chez eux et à la face du monde. L'Union Européenne demeure une grande espérance. Il faut la faire partager aux peuples des Balkans actuellement engagés dans un conflit fratricide.

I

Pourquoi l'Union européenne?

Les nations d'Europe ont été, au cours des derniers siècles, les acteurs essentiels de la vie internationale.

Les découvertes des continents, les besoins d'économies dont l'évolution exigeait des matières premières qu'il fallait chercher au loin, la compétition dans la possession de nouveaux territoires, les conflits qui accompagnèrent ces événements ont constitué la trame de l'histoire du monde. On peut, sans outrecuidance, dire que le monde d'aujourd'hui a été enfanté par les Européens et par leurs entreprises, et marqué par l'apport de leur culture ou de leur mode de vie.

Le XXe siècle, notamment dans sa seconde moitié, a sonné le glas de cette situation, et le monde tel qu'il est à l'aube du XXIe siècle remet fondamentalement en cause la nature et les modalités des relations internationales. Déjà existent les prémices. Il est impératif de connaître et de comprendre nombre de ces données et de ces changements afin que les nations de notre Vieux Continent s'y adaptent et puissent continuer à jouer le rôle qui doit être le leur, non seulement dans l'intérêt des peuples, mais dans l'intérêt de la communauté internationale tout entière.

Premier constat : le monde est devenu un village. La rapidité du déplacement des hommes, qui favorise échanges et migrations, l'instantanéité des communications, qui fait que tout événement est, dès son apparition, connu de la terre entière, conduisent à l'uniformisation des conditions de vie dans tous les domaines, c'est-à-dire à l'égalité des possibilités d'action ou de réaction de chacun, sous la seule réserve évidente de ses capacités propres.

Dès lors apparaissent de nouveaux acteurs politiques, économiques, culturels et se créent de nouvelles solidarités.

Il est clair – qui pourrait le nier ? – que ce qui constituait hier le privilège des nations d'Europe n'est plus, et que, désormais, c'est dans le cadre d'une communauté internationale nouvelle que les pays européens ont à agir.

La véritable révolution mondiale qui s'accomplit ne saurait être pour nous surprendre. L'expansion des pays d'Europe sur toute la terre a entraîné la diffusion des connaissances, de la culture, des langues et des produits de notre continent. Cette vulgarisation portait en germe l'évolution des esprits et des activités de tous les peuples. Les développements qui ne pouvaient qu'en résulter ont amené l'apparition des nouveaux acteurs d'aujourd'hui : Américains, Asiatiques, Arabes...

L'on doit enfin admettre que les conflits du XXe siècle, européens dans leur essence mais mondiaux dans leur réalité, ont affaibli les nations d'Europe et leur autorité dans le monde, comme ils contenaient les ferments des évolutions que nous venons d'évoquer.

Autre constat : l'émergence d'Etats-continents appelés à jouer un rôle de premier plan dans les affaires du monde. L'existence de nations immenses par leur géographie ou leur démographie n'est pas nouvelle. Dans l'histoire des hommes, certains de ces pays ont tenu, à un moment donné, le premier rôle. Les progrès technologiques auxquels ils ne participaient pas, des facteurs internes d'affaiblissement, voire des conquêtes le leur ont fait perdre. Mais demeure le potentiel de leur terre et de leur population. Surtout, les possibilités nouvelles de développement, qui font déjà de quelques-uns des partenaires importants, leur permettront de s'affirmer dans la vie internationale. L'avenir devrait bientôt dire quel pourra être leur poids particulier dans les relations ou dans les échanges mondiaux à partir de leurs atouts, mais aussi des solidarités géographiques, ethniques, culturelles qui pourraient se créer.

Sans doute, bien des facteurs de bouleversement de la vie des peuples sont-ils encore, au seuil du XXIe siècle, davantage riches en potentialité qu'en réalité immédiate. Ce ne peut être une raison pour en éluder les conséquences, tandis que le temps accordé offre l'opportunité de nous y préparer.

Nous, c'est-à-dire les Européens. Il est encore vrai que les plus importants pays d'Europe peuvent suivre une politique personnelle dans leur participation aux affaires du monde, sur les plans politique et culturel notamment. Car déjà, sur le plan économique, existent des facteurs de caractère international, étrangers aux intérêts nationaux, débordant les frontières, qui influent sur les échanges commerciaux et sur les parités monétaires. C'est un phénomène qu'il faut naturellement prendre en compte dans la recherche des actions à conduire pour affirmer la présence active des Etats d'Europe dans la vie internationale.

Cette présence est nécessaire car, avec ses valeurs de civilisation, ses capacités scientifiques, ses diversités culturelles, son potentiel

industriel et économique de grande importance, l'Europe peut être un facteur
puissant d'équilibre et de paix dans la communauté internationale. La condition pour
que l'Europe puisse s'affirmer réside dans
son organisation afin qu'elle puisse exprimer les vues communes des Etats membres
d'une seule et même voix et les soutenir par
l'union de leurs moyens.

Le premier, le grand motif de l'unité
européenne est bien le rôle que l'Europe
peut et doit tenir dans la vie politique internationale. Les Etats européens ont en commun un héritage de valeurs d'origine judéo-
chrétienne, fondant le respect de l'homme,
de sa dignité et de sa liberté. Leur régime
politique est celui de la démocratie parlementaire et leur développement est fondé
sur la libre entreprise. Pour autant, l'Etat
doit être le garant de la solidarité sociale
sous diverses formes. Ces valeurs sont aussi
celles d'autres nations, comme les Etats
d'Amérique du Nord, mais ne sont pas par-
tagées par l'ensemble de tous les pays. Or,
elles constituent la meilleure garantie de la
paix internationale. Il est donc de l'intérêt
bien compris de tous que l'Europe s'affirme
sur la scène mondiale avec l'autorité que lui
confère sa force démographique, économique et culturelle.

Au lendemain de la Seconde Guerre

mondiale, cet objectif allait de soi pour les nations libres d'Europe occidentale, face au bloc soviétique et à ses manœuvres pour étendre son emprise dans le monde.

Depuis l'éclatement en 1989 de l'Union soviétique et la libération consécutive des nations d'Europe centrale et orientale, cet intérêt peut paraître moins évident. Il n'en est rien, car le monde est toujours incertain, car des dangers ou de nouvelles menaces existent. Ce qui rend d'autant plus nécessaire et urgente l'intervention de l'Europe unie dans le concert des nations.

En cette fin du xxe siècle, il est d'autres raisons qui militent pour l'avènement de l'Union européenne.

C'est d'abord la mondialisation de l'économie, qui résulte des rapidités de communication, de la propagation des connaissances et des technologies et des différences de coûts selon le niveau de rémunération et les législations économiques ou sociales.

Plutôt que de s'enfermer dans ses frontières et de vivre en quasi-autarcie, l'Europe doit avoir une présence active dans les échanges sur les marchés. Le laisser-aller n'est pas, sans doute, l'attitude la plus appropriée aux intérêts de l'économie de l'Europe. C'est plutôt dans le cadre de l'Organisation mondiale du commerce que doivent être évitées les distorsions de concurrence les moins légitimes. Ici aussi, l'Europe doit conduire une politique claire, commune aux Etats membres de l'Union, et constituer un partenaire essentiel du marché international, ne serait-ce qu'en raison de l'importance du marché européen proprement dit et de son potentiel financier. Ce sont là des atouts qui doivent permettre de concilier la mondialisation de l'économie et une politique européenne limitant les importations sauvages destructrices de l'emploi par des contingentements ou des tarifs régulateurs. L'Organisation mondiale du commerce est le cadre naturel pour un accord international permettant le développement des échanges mondiaux dans un juste équilibre des intérêts en présence. Si la taille et le poids du marché européen justifient une telle démarche, encore faut-il bien voir que le marché européen reste largement à organiser, ce qui implique que les législations fiscales et sociales des Etats membres se rapprochent pour éviter des disparités de coût, facteurs de concurrence déséquilibrant le marché intérieur. Sans doute, une restructuration de filières de production pour une meilleure compétitivité des entreprises devra-t-elle aussi intervenir.

L'exigence d'union est également valable

pour les échanges culturels dont les techniques modernes bouleversent les moyens d'expression et de diffusion. Encore y a-t-il lieu dans ce domaine de respecter les identités nationales et régionales dans leur diversité. Dans un paysage sans frontières, c'est sans doute une action concertée des pays d'Europe qui peut limiter les risques d'uniformité autour du seul vecteur de la langue anglaise.

Car il est important – on ne le dit pas assez – que l'Europe ait une dimension culturelle qui peut et qui doit s'affirmer dans tous les arts et dans toutes les disciplines. Et non pour une uniformisation qui détruirait des talents et réduirait la valeur de l'apport européen à la civilisation. Il appartient d'abord à chaque gouvernement d'en prendre conscience, mais l'Union a un rôle de premier plan à jouer et ne doit pas s'y dérober.

L'Union européenne est le meilleur moyen pour les pays de l'Europe de s'affirmer dans la vie internationale. Est-ce à dire que chaque nation disparaîtra dans ce nouvel ensemble ? Dans le monde tel qu'il est, il n'y a aucune raison pour que la France, l'Allemagne, l'Angleterre, l'Espagne, l'Italie et bien d'autres ne puissent agir par elles-mêmes dans des zones, des situations ou des activités où chacune dispose d'atouts ou d'intérêts particuliers. C'est pourquoi les politiques européennes ne peuvent, en tout cas dans l'avenir proche, être définies que par la concertation de tous et en tenant compte des aptitudes de chacun dans leur mise en œuvre.

Il faut sans conteste qu'apparaisse sans tarder sur la scène internationale l'Union européenne respectueuse des identités nationales, ce qui ne veut pas dire une Union sans ambition !

II

Une construction lente
qui a atteint ses limites

La notion d'union des Etats européens dans un grand ensemble leur permettant d'affirmer leurs valeurs et de tenir dans la communauté internationale le rôle qui peut revenir à leur entité s'est imposée dans les années qui ont suivi la guerre.

Des hommes participant en France aux destinées de la IVe République y attachèrent leur nom. Parmi eux, Robert Schuman, parlementaire de Lorraine et homme d'Etat d'après-guerre, en fut l'un des principaux artisans, et Jean Monnet l'inspirateur des initiatives.

Il est évident que l'objectif devait bien être dans ce dessein l'union politique des nations européennes. Mais les circonstances de l'époque comme l'état des opinions publiques ne permettaient pas d'engager alors une telle révolution. L'Europe, dans les années 50, était divisée en deux blocs : d'une part, des Etats démocratiques attachés à se reconstruire et dont la sécurité dépendait des Etats-Unis d'Amérique à travers l'Alliance atlantique; d'autre part, les nations de l'Europe centrale et orientale enfermées dans le bloc soviétique avec les rêves de conquête d'un communisme zélateur. L'Allemagne était encore dans la situation diminuée résultant de sa scission et de la guerre. Enfin, les sentiments nationaux étaient vifs, constituant une donnée essentielle dans l'appréhension des solutions politiques en Europe comme dans l'ensemble du monde.

Dès lors, l'approche de la constitution d'un ensemble européen se trouvait limitée. L'échec au Parlement français du projet de création d'une force militaire européenne de défense conçue, il est vrai, pour permettre la constitution de l'armée allemande, l'illustra.

La création de la Communauté européenne du charbon et de l'acier (CECA) est l'acte de naissance de l'entité nouvelle que constituait l'Europe des six, l'Italie, la Belgique, les Pays-Bas et le Luxembourg s'étant joints à la République fédérale d'Allemagne et à la France dans le traité constitutif de cette première communauté le 18 avril 1951.

Alors que l'accord de la France et de l'Allemagne venait de se faire sur ce projet, la présentation qu'en fit Robert Schuman, ministre des Affaires étrangères, dans une conférence de presse le 9 mai 1950 est révélatrice des intentions que cette création consacrait : « L'Europe ne se fera pas d'un coup ni dans une construction d'ensemble, mais par des réalisations concrètes, créant d'abord une solidarité de fait. »

Le deuxième acte, le plus important, de la construction européenne en marche sera le traité signé à Rome le 25 mars 1957 créant la Communauté économique européenne réunissant les six pays rassemblés dans la CECA. Le but affirmé est l'établissement progressif d'une union douanière et économique constitutive d'un marché commun.

Enfin, par un deuxième traité daté du 25 mars 1957, est créée la Communauté européenne de l'énergie atomique (Euratom) en vue de développer l'énergie nucléaire dans ses applications économiques tout en assurant leur contrôle.

Ainsi sont constituées les communautés européennes qui seront la base du développement progressif de l'Union européenne et dont l'unification institutionnelle fut réalisée en 1965. Depuis cette date, on peut parler de l'union en marche des pays européens.

Les moyens définis pour assurer cette coopération des six Etats adhérents étaient sans doute adaptés à la dimension et à l'esprit même de leur communauté. Mais la méthode contenait ses limites, et les moyens choisis n'étaient pas à la mesure d'une véritable communauté, plus profonde et plus large, de nations.

La construction de la Communauté européenne repose essentiellement sur quatre institutions :

— le Conseil des ministres, clef de voûte de l'Union, qui en est l'instance suprême disposant des pouvoirs législatif et exécutif;

— la Commission, composée de membres désignés par les gouvernements qui ne sont pas révocables pendant la durée de leur mandat et restent libres à l'égard des Etats membres. Nous évoquerons, en examinant les institutions à venir de l'Union Européenne, les problèmes spécifiques que pose la Commission à travers les évolutions qui l'ont marquée et la nécessité d'une mise au clair de sa place et de son rôle.

— le Parlement européen, primitivement composé de parlementaires nationaux désignés par les Assemblées de leur pays et au rôle consultatif. La principale réforme intervenue est, depuis 1979, l'élection directe des députés européens au suffrage universel et un élargissement des compétences et des possibilités d'intervention du Parlement, notamment à l'égard du budget européen ou du contrôle de la Commission ;

— la Cour européenne de justice, qui doit veiller au respect des règles communautaires par les États et des droits individuels par les législations ou les décisions nationales, dans des conditions qui apparaissent souvent bien incertaines.

L'équilibre ainsi institué était imparfait et, en définitive, si la construction de l'Union européenne n'a guère avancé en quarante-cinq années, cette carence tient aux structures et à l'usage qui en a été fait.

Disons tout de suite que l'on ne saurait faire le procès des hommes politiques, ni des commissaires, ni des fonctionnaires et agents des organismes communautaires. Parce qu'ils ont tous été compétents et parce que tous ont pris à cœur leur charge, ils ont été les auteurs de règles et de directives qui répondaient à leur mission.

Si, souvent, leurs décisions ont été, ici ou là ou par tel ou tel, mal ressenties, c'est d'abord dû à la défaillance des autorités politiques nationales, soit qu'elles aient laissé faire, soit qu'elles n'aient su développer les explications ou les motivations utiles.

Les compétences communautaires essentielles pour la vie des nations sont définies par le traité de Rome pour la Communauté économique. Le domaine est assez vaste pour qu'initiatives et règlements européens touchent à des sujets sensibles. Abordés avec méconnaissance ou une insuffisante information sur leur impact national, ils sont trop souvent apparus comme technocratiques. En outre, Bruxelles impose bien à tort des mesures, justifiées dans certains pays, mais qui ne correspondent, dans d'autres, à aucune nécessité.

Ce dernier aspect est corrigé par le traité de Maastricht, qui limite l'interventionnisme de l'autorité communautaire en instituant le principe de subsidiarité qui veut laisser le soin de régler chaque dossier à l'autorité la mieux à même de le faire. Il y a beaucoup d'exemples où l'on ne voit pas qu'il y ait nécessité réelle d'une directive européenne, alors qu'un gouvernement national, voire une autorité locale, pourrait le mieux les assumer. Hélas! ce principe de subsidiarité n'est toujours pas appliqué.

Faute pour les autorités nationales – en fait le Conseil européen – d'avoir défini, dès l'origine, le cadre et la nature des politiques d'intérêt européen, on a assisté, à partir du traitement de tous les dossiers pouvant, à juste titre ou non, en relever, à une extension progressive et continue des services et des personnels de la Communauté pour arriver à une structure que l'on peut considérer comme excessive. Chaque État devant

fournir un nombre d'agents correspondant
à sa démographie relative par rapport à la
population globale de tous les membres, la
croissance bureaucratique n'a pu être mesu-
rée comme il serait souhaitable, chaque
admission d'un membre nouveau entraînant, par souci d'égalité, un accroissement
proportionnel des effectifs.

De même, la volonté de donner des droits
identiques à chaque culture, à chaque
langue de pays européens a fait créer par
nécessité un service d'interprétariat très
important, conduisant en outre à un alour-
dissement des débats et de la prise de décisions.

Ces observations sont, *mutatis mutandis*,
également valables pour les autres instances
de la Communauté européenne et notamment le Parlement.

Parce que l'Union européenne s'est ainsi
développée sans que l'on ait mis en cause
les principes et les structures de la Communauté originelle à six, elle apparaît à quinze
comme technocratique, mal adaptée aux
réalités et aux besoins de chacun. Il n'est
alors pas étonnant qu'existe chez beaucoup
un sentiment de doute sur l'intérêt réel de
la construction européenne, quand ce n'est
pas le rejet, pur et simple, de ce qui est ressenti comme une machinerie, méconnaissant

les traditions ou les situations de chacun.

L'on doit à la vérité de reconnaître la réalité du risque d'une Communauté à deux têtes, la bruxelloise ne résistant pas à la tentation de s'ériger en gouvernement face à ceux des Etats membres. Cette dichotomie n'est ni dans les textes, ni dans l'esprit des traités créateurs, mais résulte de situations de fait et du degré trop souvent variable de l'action des autorités nationales dans les institutions européennes.

Il est vrai que l'autorité du Conseil des ministres est atténuée par le fait qu'il n'y a pas un mais plusieurs Conseils des ministres (Affaires étrangères, Economie et Finances, Agriculture, Equipement, Recherche, etc.) et que changent souvent, du fait de la vie démocratique, les ministres en charge de ces compétences. La Commission, au contraire, dispose à la fois de l'unité de vues, puisqu'elle connaît l'ensemble des dossiers, et de la permanence, ses membres étant nommés pour cinq années.

C'est pourquoi le président Georges Pompidou, au lendemain du premier élargissement de la Communauté en 1973 par l'adhésion de la Grande-Bretagne, du Danemark et de l'Irlande, ressentant la nécessité d'impliquer plus directement les gouvernements des Etats membres dans la vie

communautaire afin d'agir sur les institutions et de limiter ainsi les risques de leur
dérive vers une technocratie apatride, pro-
posa, lors d'une conférence de presse à
l'Elysée le 27 septembre 1973, la réunion
des chefs d'Etat et de gouvernement pour se
concerter sur l'avenir de la Communauté
européenne.

Cette réunion eut lieu à Copenhague les
14 et 15 décembre 1973. Le communiqué
publié à son issue affirme « la commune
volonté des neuf pays de voir l'Europe parler d'une seule voix dans les grandes affaires
du monde ».

Persuadé que la réalisation d'une Europe
politique ne pouvait résulter que de réunions régulières des plus hauts responsables des pays membres, le président Pompidou, avec le soutien du Premier ministre
britannique Edward Heath, souhaitait voir
précisé que ces réunions des dirigeants
nationaux se tiendraient régulièrement
deux fois par an. La réticence des petits
Etats ne permit pas d'aller jusque-là, mais
l'usage le réalisa, car le Conseil européen
dont les bases venaient d'être jetées, s'il
n'était prévu par aucun traité, constitua très
vite une organisation de fait dont l'intérêt
l'imposa.

Remarquons que le Conseil européen
ainsi créé correspond très exactement à ce

que prévoyait le plan Fouchet en 1962 : la mise en place d'un concert organisé et régulier des gouvernements responsables, possédant l'autorité politique nécessaire.

Le président Géscard d'Estaing et le chancelier Helmut Schmit s'attachèrent à définir et à organiser les activités du Conseil Européen qui constitua dès lors le moteur de l'union.

Les distorsions résultant d'un rassemblement d'Etats plus nombreux devant fonctionner selon des dispositions arrêtées pour six, voici quarante années, n'ont pu que s'aggraver avec une communauté de quinze membres ; c'est pourquoi se pose aujourd'hui la question de la réforme des institutions européennes, même si l'existence du Conseil européen a atténué les risques en permettant l'avancée progressive vers une union renforcée.

Car la preuve a été ainsi apportée de l'exactitude des vues du général de Gaulle, qui entendait bien voir s'affirmer l'union des Européens à partir des réalités nationales et de l'adhésion de tous les peuples, si l'on voulait une union durable, cohérente, efficace. Nous constatons d'ailleurs que les avancées réalisées en quarante années résultent toutes de décisions du Conseil européen : marché unique, système monétaire, élection de l'Assemblée européenne au suffrage universel, traités de Maastricht et d'Amsterdam. Pour autant, l'Europe est toujours absente de la politique internationale et incapable d'intervenir dans des questions intérieures comme on l'a vu dans l'ex-Yougoslavie.

Le traité de Maastricht, approuvé de justesse dans des conditions qui traduisent le souci des Français d'une Union européenne répondant aux vrais problèmes et respectant les identités nationales, a trois mérites :

— il consacre le Conseil européen, instance suprême de l'Union ;

— il pose le principe de subsidiarité, qui doit interdire à l'autorité européenne d'intervenir dans les domaines où des instances nationales ou locales peuvent apporter les solutions les mieux adaptées ;

— il appelle à la réforme des institutions communautaires, c'est-à-dire à la promulgation d'une Constitution de l'Union européenne.

Telle est la grande échéance pour une décision essentielle, primordiale, car l'Union européenne existera ou ne se fera pas selon la réponse qui sera apportée à cette question.

Ne nous leurrons pas. Le sujet est difficile, ne serait-ce que par le handicap que constituent le nombre et la personnalité des participants. Mettre d'accord quinze gouvernements ayant des intérêts particuliers, nourris d'une culture et d'une histoire spécifiques, ne disposant pas d'atouts équivalents ni de moyens analogues pour répondre aux exigences de la vie internationale dans ses divers aspects, présente quelque ressemblance avec la quadrature du cercle. On le voit bien dans le traité d'Amsterdam, qui devait proposer au moins une avancée sur le terrain institutionnel comme le traité de Maastricht l'assignait, et qui n'en dit mot. Il paraît d'ailleurs opportun que les pays candidats à l'entrée dans l'Union soient associés, d'une manière à déterminer, à l'élaboration des institutions à venir auxquelles ils seront appelés à participer.

C'est pourquoi, plutôt que de s'épuiser sur des sujets sans doute importants, mais ne répondant pas au véritable objectif de l'Union à réaliser, mieux vaut s'attaquer, quelles que puissent être les difficultés, au problème essentiel, fondamental de l'Union à bâtir et d'abord de ses institutions avec la volonté de garantir l'avenir.

Reconnaissons que, par des élargissements successifs de partenaires dans des situations internes ou externes fort différentes, l'Union européenne s'est construite *proprio motus,* s'enrichissant non seulement d'acteurs nouveaux mais de politiques nouvelles, dans des conditions qui ne sauraient se perpétuer sans dommage pour une union véritable.

Car, si l'on veut que s'affirme dans la vie internationale l'Europe avec ses capacités et ses valeurs, il faut impérativement que les modalités de son existence soient fixées avec réalisme, tenant compte des réalités présentes mais permettant aussi son évolution progressive au fur et à mesure des possibilités nouvelles qui apparaîtraient.

Il serait dommage que certains errements apparus ces dernières années, mais tolérables dans la mesure où ils marquent des étapes à partir de ce qui existe aujourd'hui, perdurent dans un contexte d'avenir différent par nature et par nécessité.

A circonstances nouvelles, solutions différentes. Face au conservatisme et au laisser-aller, qui militent pour considérer comme immuable ce qui est accompli quelles que soient les réalités, il faut rechercher les meilleures réponses à apporter à l'ambition européenne. Il serait contraire à l'esprit de l'œuvre à accomplir – la constitution de l'Union européenne – que de la fonder sur des mesures obéissant à une philosophie dépassée.

D'ailleurs, les gouvernements des pays membres de l'Union européenne ont décidé avec sagesse de ne pas aller au-delà du groupe actuel de quinze pays tant que le cadre dans lequel l'Union européenne pourra vivre n'aura pas été précisé. Encore est-il souhaitable que le problème soit traité sur le fond et que cela ne nécessite pas des délais excessifs !

C'est au-delà de la phase actuelle d'une organisation aux limites avérées et inadéquate à la finalité politique de notre ambition que doit être recherché le cadre le mieux adapté à la réalité, à la spécificité de l'institution à venir.

Sans doute cela amènera-t-il des changements dans les rapports entre Etats et vis-à-vis de l'extérieur. C'est une démarche prospective qui sera à conduire, où, d'étape en étape, se construira vraiment l'Europe comme acteur de la vie internationale. Il s'agit bien d'une approche progressive, à partir des réalités d'aujourd'hui prenant en compte les différences entre les nations et s'attachant, par un rapprochement continu, à voir l'Europe agir dans la vie internationale en restant fidèle aux valeurs qu'elle incarne.

III

Charles de Gaulle et l'Europe

Avant la Seconde Guerre mondiale, il n'était guère question, et pour cause, de constituer une Union européenne. L'existence du national-socialisme hitlérien en Allemagne ne le permettait guère. Cependant, alors que la guerre était installée au cœur de l'Europe, alors que le premier objectif était l'écrasement du nazisme, le général de Gaulle, depuis Londres, Alger ou Paris, affirmait la nécessaire réconciliation à venir des Européens, et d'abord de la France et de l'Allemagne qui ne pouvaient en être que les moteurs.

Il est intéressant de noter que le général de Gaulle eut l'occasion de connaître à Londres Richard Coudenhove-Kalergi. Fondateur en 1923 de l'Union paneuropéenne, il était le pionnier du rapprochement des nations européennes et avait su réunir autour de cette idée un certain nombre de personnalités dont, chez nous, Aristide

Briand. Son action, notamment du fait de l'accession au pouvoir d'Adolf Hitler en Allemagne, n'avait pu avoir le rayonnement qu'elle aurait mérité. Après la guerre, il rencontra à plusieurs reprises le général de Gaulle, qui appréciait sa proposition de bâtir l'Europe avec réalisme à partir des Etats.

Fils d'un diplomate autrichien, Richard Coudenhove-Kalergi, dans l'esprit de la dynastie des Habsbourg, soutenait l'union de tous les Etats européens pour former un ensemble politique dont les valeurs culturelles communes et l'histoire étaient le fondement, dans le respect de la personnalité de chacun. C'est à cette conception ouverte et réaliste de l'Europe que de Gaulle se référait.

Revenu aux affaires en 1958, le général de Gaulle souhaita l'implantation en France de l'Union paneuropéenne qui pouvait être le relais de ses convictions auprès de l'opinion. C'est ainsi que fut fondé le Comité français pour l'union paneuropéenne, Louis Terrenoire le présidant, Alain Peyrefitte l'animant comme secrétaire général et Georges Pompidou en étant le trésorier.

C'est au milieu du drame de la guerre qui divisait très profondément les nations européennes que le général de Gaulle préconisait l'union des Européens, élément essentiel pour que notre Vieux Continent puisse jouer le rôle que ses valeurs communes justifient au service de la paix internationale.

Jusque-là, Charles de Gaulle s'était consacré essentiellement, conformément à sa qualité militaire, à l'armée et à sa transformation pour qu'elle puisse assurer la sécurité de la France. Mais, dès lors qu'il est en charge du destin de la patrie, il souligne l'importance de la réconciliation et de l'entente entre les Etats européens pour qu'ils s'affirment utilement dans les affaires du monde.

Si donc le Général n'a jamais méconnu l'intérêt du rassemblement des Etats européens et fut même des tout premiers à le préconiser, il fut cependant dénoncé à l'opinion comme ennemi de l'Europe essentiellement, sans doute, pour des motifs de politique intérieure et de propagande électorale plus attachés à l'effet d'annonce qu'à la réalité profonde. Cette accusation est encore utilisée pour des motifs partisans. Il est des légendes qui ont la vie dure !

Sans doute, la conception que de Gaulle avait de l'Europe n'était pas celle qui inspirait ceux qu'il est convenu d'appeler les « pères fondateurs », du moins dans son expression limitée pour une communauté à six.

Pour le Général, l'Europe devait être

totalement elle-même. Il considérait donc que tous les pays du continent avaient vocation naturelle à appartenir à l'Union européenne. Pas dans n'importe quelles conditions, sans doute, car l'Union devait être organisée. Cela exigeait l'adhésion profonde des peuples et l'engagement des gouvernements, le réalisme imposant — nous pensons que cela est toujours et même sans doute plus vrai que jamais — que l'Union se fît par le rassemblement des nations dans le respect de leur identité propre et de leurs intérêts fondamentaux. L'essentiel était bien dans l'affirmation d'une volonté politique qui entraînerait une marche progressive dans la réalisation de l'Union.

A cette vue pragmatique était opposé le concept d'une Europe conduisant ses politiques propres par la création d'une instance communautaire qui dicterait des règles s'imposant à tous, dans une évolution partant de l'association des Etats vers la création d'un exécutif européen. On peut considérer que la Communauté européenne était engagée dans une telle voie, qu'est venue corriger en partie et heureusement la création du Conseil européen, aujourd'hui admis comme l'autorité suprême de l'Union européenne.

En réalité, le débat est autant d'opportunité que de fond, la recherche de la construction de l'Europe, acteur essentiel de la vie internationale, étant la fin commune.

De sa volonté de voir l'Europe se bâtir, le Général a apporté la preuve éclatante à l'occasion de son retour aux affaires en 1958. L'année précédente avait été signé entre la France et cinq partenaires – Allemagne, Italie, Pays-Bas, Belgique et Luxembourg – le traité de Rome instituant une communauté économique qui se voulait l'embryon de l'Europe à bâtir. L'entrée en vigueur de cette communauté première était fixée au 1er janvier 1959. C'est dire que le général de Gaulle, devenu en 1958, du fait de circonstances dramatiques, chef du gouvernement de la France, aurait pu dénoncer un traité ne correspondant pas, dans ses limites, à ce que devait être pour la France une ambition européenne. La situation d'alors permettait certainement au Général de dénoncer l'insuffisance du traité et d'annoncer que la France n'entendait pas l'appliquer. Avec quelques précautions de style et l'invitation à remettre l'ouvrage en chantier, il est probable que bien peu auraient trouvé à y redire. Ce refus était d'ailleurs attendu par les promoteurs du traité de Rome. Ils en furent pour leur crainte, car le Général a considéré qu'il s'agissait là d'un premier pas vers l'Europe qu'il ne fallait pas décourager. Pour autant, le traité de Rome ne lui paraissait pas répondre aux exigences de l'Europe à bâtir.

En 1958, l'heure était à l'urgence et donc à l'essentiel. Pour insuffisant qu'il ait pu lui paraître, le traité de Rome constituait une avancée vers l'union des Européens que le Général ne voulut pas mettre en cause. Son rejet aurait sans doute abouti à la mise sur pied avec l'Angleterre d'une zone de libre-échange qui rendait mort-née l'Union des Européens. Démontrant ainsi qu'il n'était pas l'opposant à l'Europe que certains présentaient, il confirma que le traité entrerait bien en vigueur le 1er janvier 1959 et que la France y prendrait toute sa part. Pour qu'elle puisse participer pleinement à la communauté naissante, une réévaluation du franc le mettant à parité avec le deutsche Mark fut décidée, ainsi que l'adaptation de certaines règles dans les échanges intra-européens.

La leçon à retenir de cet événement est claire : le général de Gaulle a engagé la France dans la marche vers l'Union européenne, faisant passer l'intérêt bien compris du pays avant les querelles idéologiques. Le « marché commun » ainsi sauvé préfaçait le devenir d'une Europe qu'il fallait recentrer sur elle-même.

Avant de poursuivre cette étude sur les

positions du général de Gaulle à l'égard de l'Europe et des problèmes de sa construction, nous devons, bien évidemment, éviter d'interpréter ce que le Général a fait hier ou ferait aujourd'hui. Nous n'en avons pas le droit. C'est donc ses actes ou ses textes qui peuvent, seuls, nous éclairer sur l'héritage qu'il nous a laissé.

Si la France se conformait aux engagements pris dans le traité de Rome, le Général n'entendait pas moins prendre les initiatives nécessaires pour l'infléchir en réservant le rôle d'animation de la politique européenne aux gouvernements des Etats membres.

La première démarche dans ce sens fut confiée à Christian Fouchet. Il s'agissait de faire évoluer l'Europe embryonnaire créée en 1959 vers une institution assurée dans son avenir par l'adhésion des peuples et ouverte à l'ensemble des Etats européens sans exception. Transcendant les compétences techniques auxquelles les Six étaient limités, il s'agissait de parfaire la construction européenne par la volonté politique commune exprimée par les gouvernements nationaux. Le 17 avril 1962, le refus de s'engager dans cette voie, exprimé surtout par l'opposition des dirigeants belges et hollandais, sous la houlette de MM. Spaak et Luns, mit un terme à cette tentative. Il est clair, en effet, que le système érigé par Monnet dans le traité de Rome pouvait insidieusement conduire à l'apparition d'une Fédération européenne apte à garantir aux petits pays de l'Europe un rôle et une place au-delà de leur réalité propre. C'était sans doute une vue bien courte pour l'avenir, qui écartait l'Europe comme acteur politique dans la vie internationale.

Le général de Gaulle ne fit aucun commentaire à la suite de l'échec du plan Fouchet, mais demeura ferme dans sa conviction de ce que devrait être une Europe européenne.

Il faudra attendre onze ans, en 1973, pour que soit créé, à l'initiative de Georges Pompidou, président de la République, le Conseil européen qui, rassemblant les chefs d'Etat et de gouvernement des pays membres, allait, en effet, être le moteur des avancées vers l'Europe unie sans que, pour autant, les mécanismes originaires de la Communauté eussent été reformés.

Bien que limitée à six pays, l'Europe était, dans les premières années de la Ve République, bien présente dans le débat politique en France.

Nous avons déjà rappelé que le général de Gaulle, revenu aux affaires en 1958, n'avait pas mis en cause le traité de Rome, fondateur de la Communauté européenne qui était donc entré en vigueur, comme prévu, le 1ᵉʳ janvier 1959. Depuis, le général de Gaulle s'efforçait de voir l'Europe apparaître comme une puissance politique indépendante constituée à partir des Etats. Il tint donc à aborder en profondeur ses vues sur ce sujet essentiel dans une conférence de presse organisée à l'Elysée le 15 mai 1962 où la politique européenne tint une grande place.

Il suffit de citer le président de la République qui affirme d'entrée de jeu qu'un objectif essentiel doit être de « construire l'Europe dans les domaines de la politique, de la défense et de l'économie de telle sorte que [...] l'action de cet ensemble [...] fasse renaître les possibilités d'un équilibre européen ». Et dans ce but, « il faut procéder non pas d'après des rêves mais suivant des réalités. Or quelles sont les réalités de l'Europe, quels sont les piliers sur lesquels on peut bâtir ? En vérité, ce sont les Etats qui sont, certes très différents les uns des autres, qui ont chacun son âme à soi, ses ambitions à soi, ses malheurs, ses gloires, mais des Etats qui sont les seules entités qui aient le droit d'ordonner et le pouvoir d'être obéi. Se figurer qu'on peut bâtir quelque chose qui soit efficace pour l'action et qui soit approuvé par les peuples en dehors et au-dessus des Etats, c'est une chimère ! »

Face à un discours, qui affirme clairement une ambition pour l'Europe et en préconise la voie, la quasi-totalité des leaders politiques – à l'exception naturellement des gaullistes – n'ont retenu que la condamnation d'une Europe supranationale, ce qui leur paraissait tourner le dos à l'avènement de l'Union européenne. Il est vrai que le processus en avait été engagé sous la IVe République par des hommes de bonne foi. L'inspirateur Jean Monnet, face aux doutes, voire aux oppositions qu'une organisation politique de l'Europe rencontrait, préférait la réserve. L'autorité qui, à Bruxelles, sera un élément moteur est désignée sous le modeste vocable de « Commission », appelée cependant à conduire l'Europe vers une fédération à l'américaine.

Au contraire de cette démarche en catimini, le général de Gaulle affirmait une volonté et proposait une voie claire. Mais, engagés dans la politique des petits pas, promise comme on l'a vécu à de beaux jours, les partis n'ont compris ni la volonté ni la vision gaulliennes. Et qui sait où l'on en serait aujourd'hui si le Conseil européen, réunissant les chefs d'Etat et de gouvernement des pays membres, n'avait été créé il y a vingt-cinq ans !

Dans l'histoire de l'Europe, une deuxième intervention du général de Gaulle en 1965 constitue un acte essentiel et qui le demeure. Devant le danger de la mise en cause de la politique agricole commune, qui était le principal acquis de la politique économique européenne et dont, il faut le reconnaître, la France était le premier bénéficiaire, le gouvernement se devait de réagir.

Pour un pays fortement rural comme le nôtre, la politique agricole commune constituait un puissant facteur de transformation de l'agriculture française pour l'insérer dans l'économie de marché. On ne pouvait méconnaître, et c'est encore assez largement vrai aujourd'hui, l'intérêt et la nécessité de cette évolution. Nous ne pouvions légitimement admettre que, par des décisions soutenues par une majorité des six partenaires, il pût être porté atteinte à un volet aussi essentiel de l'activité économique française. On vit alors le gouvernement français, encouragé par le chef de l'Etat, refuser de laisser la Communauté être engagée par quelques-uns dans une telle voie. L'intérêt bien compris du pays l'exigeait, sans nuire d'ailleurs aux possibles évolutions que la solidarité commune permettait à tous, comme on l'a vu en particulier aux Pays-Bas avec la transformation profonde de la production agricole. Le prix en était élevé, mais c'était un sacrifice légitime et nécessaire pour des pays de culture rurale dans une économie de marché de plus en plus ouverte.

Refusant de s'associer à des décisions majoritaires de circonstance, la France, par son absence des Conseils des ministres de la Communauté, paralysait toute initiative. L'on vit, bien sûr, de bons apôtres « européistes » s'élever chez nous contre cette attitude, mais il s'agissait bien d'un intérêt national essentiel justifiant pleinement notre position de rejet.

Après quelques semaines de paralysie, nos partenaires admettaient la nécessité que l'unanimité fût requise pour toute décision dont un gouvernement considère qu'elle porterait atteinte à ses intérêts légitimes. Le 30 janvier 1966, le « compromis de Luxembourg » intervenait et permettait donc la poursuite de la marche en avant de la Communauté européenne. Soulignons ici que ce « compromis » est de portée générale, valable pour tous les membres de la Communauté et doit demeurer dans la période constitutive de l'Union européenne pour assurer chacun de la possibilité de mettre en cause une décision manifestement contraire à des intérêts fondamentaux.

Que l'on me permette ici un souvenir personnel, parce qu'il témoigne de l'intérêt que le général de Gaulle attachait à l'union des Etats européens. Le samedi 17 mars

1962, le Général me convoqua à l'Elysée à 10 heures du matin et me dit qu'il réunissait le Conseil des ministres le surlendemain 21 mars à 15 heures pour désigner le haut-commissaire de France en Algérie qui aurait la lourde mission d'assurer le passage de ce pays à l'indépendance quatre mois plus tard, conformément aux accords d'Evian qui venaient d'intervenir. Le Général me dit qu'il pensait pour cette tâche à Christian Fouchet, alors ambassadeur à Copenhague, dont les obligations au Danemark ne lui permettaient de venir à Paris que le lundi matin. Dans le cas où M. Fouchet ne pourrait accepter, le Général me dit qu'il pensait à moi et souhaitait mon accord de principe. Surpris, je lui demandai si, quand il s'était rendu à Alger en juin 1958 où il affirmait « la France, de Dunkerque à Tamanrasset », il pensait que la solution serait l'indépendance de l'Algérie. Il me remit aimablement à ma place en me disant : « Je vous reconnais le droit de me poser cette question après ce que je vous ai demandé. »

Et, dans un exposé passionnant, le Général m'expliqua que, pendant la guerre et en fonction de ses conséquences, il avait pris conscience de la nécessité inéluctable de la transformation des rapports du colonisateur et des colonisés. Pour faciliter les transitions qui se révéleraient nécessaires, l'Assemblée de l'Union française lui apparaissait tout indiquée pour un dialogue vivant et constructif. Les gouvernements n'ont pas su l'utiliser comme il eût été souhaitable et elle végéta telle une « assemblée-croupion » qui ne joua aucun rôle. Ainsi le pouvoir ne fut jamais à même d'apporter en temps utile une réponse aux aspirations qui étaient, dès lors, soutenues par certains à l'extérieur, et l'on se trouva devant des conflits, dont les promoteurs utilisant l'arme du terrorisme entendaient par là obtenir l'issue qu'ils recherchaient. « Quand je revins aux affaires en 1958, dit le Général, il était déjà bien tard. » Les soutiens extérieurs dont disposaient les opposants, auxquels ne demandaient qu'à s'ajouter certains de nos amis, comme l'Amérique pour des raisons liées à sa sensibilité historique, entendaient utiliser l'ONU où une majorité de rencontre aurait condamné la France. C'est pour éviter cette condamnation que le Général avait annoncé le 16 septembre 1959, à la veille de l'ouverture de l'assemblée générale de l'ONU, que les Algériens seraient appelés à se prononcer sur le statut de l'Algérie dans un scrutin d'autodétermination. Alors la condamnation annoncée ne pouvait plus intervenir, car qui aurait osé dénoncer le recours à la libre disposition du peuple algérien? Le danger extérieur le plus immédiat étant ainsi écarté, la situation en Algérie était trop tendue pour permettre de conduire une politique capable d'éviter le drame de la séparation brutale.

Sans doute, sur le terrain, nos forces obtenaient des résultats réconfortants, mais, dès que notre présence était allégée, les interventions hostiles reprenaient. C'est ainsi que la dégradation des faits et des sentiments de chaque communauté avait conduit là où nous en étions.

L'exposé que je viens de rappeler, s'il n'est pas une citation littérale du Général, correspond bien à ses déclarations. La conclusion allait de soi : le haut-commissaire devait veiller au respect des accords d'Evian, en exposer l'esprit et faire tout son possible pour rétablir l'ordre et créer les transitions souhaitables. Au point où l'on en était arrivé, c'était à n'en pas douter un itinéraire impossible, et j'eus l'impression que le Général le savait.

C'est alors que, dépassant l'objet de notre entretien, il tint à aller au-delà, abordant le fond même du débat. Il évoqua d'abord ce qu'impliquait le concept de l'Algérie française qui exigeait, si l'on était sincère, de partager le produit national pour donner aux concitoyens d'Algérie les mêmes chances de développement c'est-à-dire d'équipements publics, d'éducation et de production. Cet effort était difficilement compatible avec notre participation à la Communauté européenne et, si un choix devait s'imposer, c'était sans doute l'Europe, notre continent, qu'il faudrait choisir. La raison le voulait sans doute plus que les sentiments, mais la vue de l'Europe à venir pour la France était sans conteste courageuse et prémonitoire.

Au cours des trente années passées depuis le retrait du général de Gaulle, bien des événements sont intervenus : l'élargissement progressif de la Communauté européenne à quinze membres vivant cependant dans un cadre défini pour six il y a quarante-deux ans, la mondialisation des échanges, accélérée par le développement des moyens de communication désormais universels et immédiats, l'éclatement du bloc soviétique et la résurgence des vieilles nations européennes dans la liberté retrouvée.

Ainsi sommes-nous arrivés à une nouvelle étape qui doit être pour l'Europe, dans son histoire, une date fondamentale : poursuivre l'union pour que l'Europe apparaisse comme un acteur dans la vie internationale, facteur de développements et de progrès pour les Européens, au service de la paix et de la solidarité entre les continents et les nations.

La France doit faire le bon choix, avec le

souci des réalités, pour que puisse se réaliser dans l'adhésion des peuples l'Union européenne, et les enseignements du général de Gaulle ne sont pas inutiles dans la recherche de cette voie.

IV

L'heure des choix

Si les acquis des quarante-cinq années de vie communautaire ne sauraient être tenus pour négligeables, il est cependant légitime de considérer que l'essentiel, à savoir l'avènement de l'Europe comme acteur important sinon primordial de la vie internationale, n'est pas assuré et que des voies nouvelles, à la fois plus hardies et plus réalistes, doivent être ouvertes.

C'est une évidence d'ailleurs largement sinon unanimement reconnue. Et la mission que le Conseil européen des Quinze s'est assignée est justement, avant tout élargissement nouveau de l'Union, de définir les institutions européennes et les modalités de leur fonctionnement pour sortir l'Europe de la voie trop technocratique sur laquelle, ces dernières années surtout, elle s'est engagée.

Cela tient avant tout à la démarche suivie pour aller d'une Europe à six à une Europe à quinze. La bonne volonté des dirigeants des pays participants n'est pas en cause, mais, en définitive, faute d'avoir eu le courage de rechercher, à l'occasion d'élargissements successifs, l'organisation politique de l'Europe, on s'est satisfait de l'adhésion de nouveaux membres au système du traité de Rome, malgré ses limites. Ainsi la Communauté à quinze a vécu et vit dans les mêmes conditions, selon les mêmes modalités que la Communauté à six. Dans la mesure où celle-ci n'était qu'un point de départ établi à une époque et pour des objectifs limités, on peut à la fois considérer comme regrettable d'en être resté à un cadre mal adapté aux aspirations d'aujourd'hui et comme remarquable le développement qui a pu cependant se produire.

Il est vrai que, depuis vingt-cinq ans, le Conseil européen a été le moteur de fait de ces évolutions jusqu'au traité de Maastricht, qui marque la volonté d'aller au-delà dans la réalisation de l'Europe, en décidant en particulier l'établissement, préalable à de nouvelles adhésions, d'une Constitution capable de répondre à ce que nous pouvons légitimement attendre de l'Union européenne au sens plein du terme.

Si l'on veut vraiment que l'Union européenne soit un ensemble politique cohérent, assurant une politique européenne de plein exercice dans un cadre de vie démocratique, il faut des voies nouvelles. Une vision claire de l'institution politique européenne s'exprime dans une organisation retenant de ce qui s'est accompli les actes positifs à léguer à l'Union européenne, dans des structures nouvelles répondant au caractère même de sa vocation, pour exprimer une politique globale, émanation des volontés nationales. C'est à ce prix que l'Union européenne pourra être un acteur utile dans la vie internationale.

Si l'on considère la volonté légitime de chaque nation de préserver autant que nécessaire son identité propre et les données présentes de ses capacités et de ses moyens, la nécessité s'impose aussi d'une marche progressive vers l'union, tenant compte de ces facteurs.

Il nous faut donc, si nous voulons vraiment l'avènement de l'Europe sur la scène internationale, affirmer clairement l'institution politique et démocratique qu'elle doit être, la doter des moyens d'agir dans le monde sans offenser l'avenir, c'est-à-dire en permettant une avancée progressive en fonction des situations qui s'affirmeront sur la planète, comme de l'évolution des esprits et des capacités.

C'est donc à la fois une volonté clairement exprimée d'union pour agir dans les affaires du monde et un pragmatisme reconnaissant que les situations particulières de chaque pays justifient des mesures différentes selon les matières et les moyens que chacun peut y consentir.

L'essentiel est que s'affirme le plus prochainement possible l'union politique avec ses institutions démocratiques, le réalisme devant permettre d'élargir progressivement les domaines de ses interventions.

Pour autant, les dispositions, en particulier récentes, des traités ne sauraient être considérées comme acquises, car l'organisation nouvelle des pouvoirs doit éviter toute confusion ou toute altération dans leur exercice. Des dispositions ne respectant pas les distinctions utiles devront être abandonnées ou réformées. Nous évoquons d'ailleurs dans ces pages cette nécessité.

Car il s'agit bien d'en arriver à une véritable Constitution de l'Europe, voulue pour permettre aux Européens d'agir dans les affaires du monde afin d'y soutenir leurs intérêts mais, plus encore, pour le maintien de la paix et pour la solidarité entre les peuples.

Si l'Union européenne a pu s'amorcer, puis se développer, grâce en particulier à l'autorité et à l'action du Conseil européen, les institutions communautaires présentes ne permettent pas de répondre effectivement à l'ambition proposée. Il serait cependant bien imprudent de méconnaître ce qui a été accompli et qui, en définitive, fait aujourd'hui reconnaître l'intérêt d'un engagement politique de l'Europe dans la vie internationale.

Loin de mettre à bas ce qui est, il s'agit de tirer les enseignements de l'expérience acquise, de ses avantages et de ses inconvénients.

La première évidence est de bâtir l'Union européenne à partir des réalités nationales. C'est-à-dire que le pouvoir exécutif de l'Europe ne saurait être coupé des pouvoirs nationaux : c'est le rassemblement des autorités politiques nationales responsables qui doit constituer le moteur de l'Union, avec des règles particulières selon les domaines d'action. C'est la concertation ainsi instituée dans un dialogue permanent entre les gouvernants de l'Europe qui pourra le plus sûrement permettre l'affirmation de la présence européenne dans les affaires du monde. En consacrant le Conseil européen instance suprême de l'Union et animateur des politiques européennes, le traité de Maastricht a réglé comme il convient cette question primordiale. En réservant au Conseil européen la conduite des politiques européennes en matière de relations internationales comme de sécurité intérieure et extérieure, qui sont des domaines qui relèvent directement des instances nationales, il exprime la volonté d'un pouvoir politique européen apte à répondre le plus sûrement possible à l'apparition de l'Europe comme acteur dans la vie internationale.

Voir l'Europe tenir le rôle qui peut et qui doit être le sien dans la fidélité à ses valeurs est une ambition légitime, conforme à l'intérêt de la communauté internationale tout entière. Il s'agit dès lors de sortir des chemins battus, c'est-à-dire de ne pas se laisser aller à la tentation de poursuivre une démarche dont on mesure les limites pour la constitution d'une organisation véritablement démocratique et les dangers pour la solidité de l'entente nécessaire entre les nations européennes.

Une Europe acteur politique à part entière peut et doit parler librement en fonction de ce qu'elle est et de ce qu'elle croit. Il s'agit bien de l'affirmer dans son indépendance de pensée et d'action, ce qui implique son émancipation par rapport aux Etats-Unis d'Amérique, dont nombre de partenaires se réfèrent encore à la volonté alors qu'il s'agit de faire de l'Europe, avec son rôle propre, l'allié privilégié de l'Amérique, ce qui répond objectivement à l'intérêt mutuel. Il ne s'agit pas de mettre en cause les coopérations existantes et, en particulier, l'Organisation du traité de l'Atlantique Nord, mais d'en adapter les objectifs aux réalités nouvelles de la situation internationale et de reconnaître à l'Europe les moyens d'agir par elle-même en fonction de ses intérêts propres ou de l'intérêt commun aux membres de l'Alliance.

Il est possible, sans renier les acquis déjà importants pour la construction européenne, d'en arriver à une organisation politique de l'Union répondant aux exigences de la démocratie et respectant la souveraineté des Etats membres, sans interdire les délégations nécessaires pour l'exercice des compétences que l'on décide d'exercer ensemble. Comme c'est souvent le cas en France, d'aucuns chercheront à qualifier la constitution de l'Union par référence à des systèmes supposés – fédération, confédération notamment –, alors que, selon les pays qui s'y réfèrent, les situations ne répondent pas, dans la réalité, aux mêmes critères. De telles discussions de chapelle obscurcissent ou enveniment le débat. Le bon sens est de considérer que le problème du rassemblement de vieux pays, ayant leur histoire et leurs traditions propres, est d'une nature originale et ne peut appeler qu'une solution *sui generis*. C'est d'ailleurs ce qu'exprimait dans la presse française, en avril 1990,

M. Jean-François Poncet, alors président du Mouvement européen en France. Rappelant que « la vitalité des identités nationales interdit de songer à un ensemble unitaire sur le mode américain [...], l'Europe sera une construction inédite, un ensemble de " troisième type", une communauté de nations fondée sur [...] la subsidiarité [...] et le principe d'union ». C'est bien, en effet, un régime spécifique répondant au génie propre de l'Europe qui permettra le plus sûrement l'avancée de l'Union européenne sans le risque constant d'éclatement qui ne pourrait que résulter d'une construction mettant en cause les réalités nationales.

C'est justement pour éviter la possibilité d'un conflit qui compromettrait l'union des Etats européens que doit être maintenu le droit de veto au Conseil européen, lorsqu'un gouvernement considère qu'une mesure envisagée serait de nature à mettre gravement en cause un intérêt fondamental. Par l'exercice de ce droit, la mesure en question ne saurait lui être imposée, et serait alors engagée, sous l'autorité du Conseil européen, une concertation jusqu'à ce que l'on puisse aboutir à une décision plus conforme aux intérêts du pays ayant opposé son veto, susceptible alors de l'accepter. Il ne peut s'agir que de décisions particulièrement importantes pour la mise en œuvre d'une procédure qui ne doit relever que du Conseil européen et qui interdirait au Parlement européen d'en débattre tant qu'une solution n'est pas arrêtée par l'exécutif.

Hormis ce cas extrême, les décisions du Conseil européen seraient prises à la majorité qualifiée, majorité qui doit tenir compte de la démographie des Etats membres, mais déterminée aussi par un partage équitable des votes qui prémunisse d'une coalition d'Etats rassemblée par des intérêts ou par des objectifs spécifiques. Ce qui implique qu'un équilibre dans l'expression de la majorité qualifiée est à rechercher dans la nature des pays la composant.

Pour délicats que puissent être les problèmes posés par l'avènement de l'Europe unie et les difficultés qui en découlent, il faut porter le regard sur l'avenir, au-delà des préoccupations immédiates de chacun. Cela peut exiger des sacrifices, mais ils seront d'autant mieux consentis que les institutions de l'Europe pourront garantir le libre débat et la prise en compte du droit de chacun dans la détermination des choix communs. D'où la nécessité et l'importance d'une démarche progressive dans le rassemblement des énergies et dans l'établissement d'un climat de confiance qui permette à chacun de transcender ses préoccupations propres dans la démarche menée en commun. Car les institutions, si claires et réalistes soient-elles, ne peuvent à elles seules assurer l'avènement de l'Union européenne dans les affaires du monde. Il y faut la volonté et la foi. Il n'est pas secondaire de s'attacher à les encourager.

V

Des institutions de l'Union européenne

Instaurer l'Union européenne comme acteur dans la vie internationale ne peut et ne doit être réalisé qu'à partir des institutions présentes. Il s'agit d'adapter chacune à la transformation du système hérité de la Communauté économique en un ensemble plus vaste s'affirmant pour exprimer les vues communes des Etats membres. Mettre à bas ce qui a été créé et qui n'est pas sans mérite pour l'avènement de l'Union serait totalement irréaliste et ne pourrait que compromettre les chances de succès de l'ambitieuse entreprise que nous entendons mener à bien. Car on ne saurait nier ce qu'ont apporté de positif l'élection du Parlement européen au suffrage universel, la création du Conseil européen, l'acte unique, l'euro...

L'Europe doit d'abord s'affirmer comme une entité démocratique où l'exécutif européen, émanation des gouvernements nationaux, rend compte de son action et soumet ses projets à une Assemblée élue représentative des peuples européens.

Cette première spécificité doit répondre à certaines exigences.

L'exécutif européen ne saurait être que l'émanation des exécutifs nationaux. C'est le Conseil européen, tel qu'il est défini depuis 1973 et confirmé par les traités de Maastricht (1992) et d'Amsterdam (1997), qui est le responsable suprême de l'Union européenne et qui en constitue la clef de voûte.

Son autorité s'exerce dans les domaines « régaliens » liés au caractère de puissance de l'Europe dans la vie internationale et pour lesquels il est habilité : les relations extérieures sur les plans diplomatique et économique, la sécurité de l'Europe et l'organisation militaire, l'économie générale, notamment à travers le rôle de l'euro (nous en parlerons plus loin), les finances, en particulier le budget européen, la sécurité intérieure, englobant l'immigration et la circulation des personnes et des biens. Dans l'ensemble de ces domaines, le Conseil européen est assisté par diverses instances communautaires : instances ayant à connaître de la politique étrangère et de sécurité commune, Commission ou organismes qui viendraient à être créés pour permettre au Conseil européen de tenir pleinement son rôle.

Il paraît souhaitable que la présidence en soit assurée par un de ses membres pour une période qui pourrait être de deux années et demie, le Parlement européen étant élu pour cinq ans. Sans que cela soit une règle, il serait normal que le président du Conseil européen soit choisi parmi les gouvernants des pays les plus peuplés. Ainsi la présidence serait mieux identifiée et mieux reconnue sans que cela nuise à la libre expression de chacun dans les débats du Conseil.

La charge exécutive qu'il assumera désormais nécessitera certainement l'organisation de réunions plus fréquentes. Pour éviter l'excès en la matière et assurer le suivi des dossiers, il serait bon qu'il soit assisté par un Conseil des ministres chargés de l'Europe dans chaque pays, sans remettre pour autant en cause le travail des différents Conseils spécialisés dont l'utilité demeure. Ces ministres des Affaires européennes seraient au premier chef chargés des liaisons et coordinations utiles sous l'autorité du chef du gouvernement.

La souveraineté demeurant l'apanage de chaque nation, il y a au plan communautaire l'exercice de délégations de souveraineté dans des domaines et des conditions définis. Le choix des gouvernants, comme des députés, demeurant national, le Conseil Européen ne peut être renversé par le Parlement qui ne peut lui-même être dissous. Si donc l'Assemblée n'approuvait pas une décision ou une action du Conseil Européen, le conflit doit demeurer interne pour ne pas nuire à l'Union et c'est donc par une concertation non publique entre bureau du Parlement et Conseil Européen que le problème devrait être examiné, le dernier mot ne pouvant revenir qu'au Conseil Européen détenteur de la souveraineté des Etats.

Le rôle du Parlement prend, de son côté, une dimension nouvelle. Il est souhaitable qu'il soit véritablement représentatif, ce qui pose le délicat problème, en fonction des traditions de chaque pays, de son mode de désignation. Le mieux est sans doute qu'une même solution s'applique dans tous les Etats membres et que l'on s'attache à une représentation qui permette l'expression des sentiments et attentes de la population plutôt que d'apparaître comme lot de consolation à des candidats malheureux dans d'autres scrutins. Mais c'est là un débat pour le Conseil européen, et nous nous garderons de l'approfondir, l'essentiel étant la représentativité de l'Assemblée et le fait qu'elle ne soit pas coupée des réalités du terrain.

Pour ce qui est du nombre de ses membres, il ne pourrait être étendu, la raison étant de s'en tenir à une représentation moyenne d'un député par million d'habitants avec un correctif spécifique pour les Etats les moins peuplés.

Si les politiques qu'elle contrôle ou les directives qu'elle adopte ne correspondent pas à ce qui est essentiel pour l'un ou l'autre des Etats membres, le danger d'une rupture ne doit pas être négligé. La solution ne saurait consister dans la création d'une deuxième Chambre européenne qui ferait courir le risque d'une aggravation de l'opposition apparue en en amplifiant la portée. C'est un dialogue institutionnel qui permettrait le mieux de connaître et d'apprécier les sentiments de chacun. Pour l'établir, les mesures proposées seraient, préalablement à la saisie du Parlement européen, soumises par les gouvernements aux assemblées de leur pays qui devraient formuler un avis dans un délai déterminé. L'Assemblée parlementaire européenne serait ainsi informée des avis et observations des Parlements nationaux et naturellement des gouvernements. Selon la nature ou l'objet des textes, le vote se ferait à la majorité qualifiée, c'est-à-dire en tenant compte de la population de chaque pays représenté.

Dès lors que l'Union européenne qui va s'affirmer dans la vie internationale respecte les principes de la démocratie parlementaire, la Commission, composée de membres désignés par les gouvernements, ne saurait être l'exécutif de l'Union, sauf à dessaisir les gouvernements nationaux et donc les Etats de leurs pouvoirs propres, même dans des domaines définis comme communautaires. Un tel dessaisissement constituerait une novation politique modifiant dans ses fondements mêmes la nature de l'Union, dessaisissement dont il est douteux d'ailleurs qu'il fasse l'unanimité chez les Etats membres.

On ne saurait pour autant méconnaître la part que la Commission a prise dans la progression de la Communauté. Sans doute le fonctionnement de la Communauté depuis quarante ans a-t-il conduit à diversifier ses interventions. Dans le cadre nouveau de l'Europe acteur de la vie internationale, dont l'exécutif est le Conseil européen, il y a lieu de préciser les compétences propres de chaque organisme de l'Union. Nous avons déjà marqué que l'évolution qui s'est produite, liée à la nature de la Commission, à sa stabilité ou à ses domaines d'intervention à travers les traités de Maastricht et d'Amsterdam a modifié l'équilibre institué par le traité de Rome dont l'objectif affirmé est l'avènement d'un marché unique.

Ces limites étaient sans doute bien étroites pour une organisation qui s'affirmait progressivement, réalisant une transformation subtile, mais non réellement consentie.

C'est cette situation qui a été à l'origine de la censure du Parlement Européen motivée principalement par la défaillance de la Commission dans le fonctionnement de l'appareil administratif comme dans la transparence de ses actes vis-à-vis de l'Assemblée.

En fait la Commission est engagée ou, pour être plus exact, s'est engagée dans l'extension et la diversification de ses compétences assez largement de sa propre initiative et sans avoir pour autant les moyens nécessaires ou une organisation adéquate. Il est juste de dire que cette évolution est ancienne, qu'elle ne résulte pas de la seule Commission Sanders mais bien davantage de la Commission précédente sous le bénéfice de l'aura de son président.

La conséquence inéluctable en a été un repli de la Commission sur elle-même et un déficit dans ses relations, en particulier avec les membres du Parlement. Le travail d'enquête qui en est résulté a mis en évidence des disfonctionnements dans les services administratifs et des abus dans des nominations de personnes.

Si dans ces conditions la Commission a été dans l'obligation de démissionner, il n'en demeure pas moins qu'il est plus opportun et nécessaire que jamais de définir le rôle et la composition de la Commission ainsi que sa place dans l'organisation des pouvoirs communautaires.

Pour ce qui la concerne, la Commission a essentiellement à connaître, comme le veut le traité de Rome, de l'exercice commun des compétences économiques dont on mesure aisément l'importance dans la vie internationale et pour le développement de chacun. Les autres domaines des politiques exercées en commun, et d'évidence ce qui relève des actes régaliens ou de souveraineté ne sauraient relever que du Conseil Européen assisté des Conseils spécialisés des ministres ou d'organes créés spécialement pour les exercer. Ainsi sera évité tout risque de conflit ou de confusion. Les dispositions contraires à ces principes ne devront donc pas être maintenues. Le caractère politique et démocratique de l'Union n'en sera que mieux affirmé et l'efficacité de ses interventions plus assurée. C'est donc sous l'autorité du Conseil Européen et aux côtés des ministres nationaux compétents que la Commission doit œuvrer.

Si le Conseil européen assume la responsabilité de l'ensemble des politiques européennes, la Commission ne doit pas être tenue à l'écart de la vie communautaire ; elle est donc appelée à présenter ses actes à l'Assemblée parlementaire habilitée à formuler ses observations, avis et propositions qu'il appartient au pouvoir politique, c'est-à-dire au Conseil européen ou aux Conseils des ministres, d'apprécier.

En revanche, l'intervention du Parlement européen dans la composition de la Commission ne nous paraît pas conforme au nouveau caractère de l'Union européenne. Car rien, dans un régime démocratique parlementaire, ne justifie que le Parlement ait à participer à la désignation des membres de la Commission, dont le statut est subordonné au Conseil européen.

Si le nombre des membres de la Commission pose problème lorsqu'elle fait figure de « gouvernement à venir », son image est différente dès lors que sont affirmés dans la fonction exécutive le Conseil européen au plan général et les Conseils des ministres dans leurs vocations particulières. On se prend à espérer que ces considérations pourront permettre un nombre raisonnable de « commissaires » dans un équilibre entre l'ensemble des Etats selon la situation géographique et la valeur démographique de chacun, étant entendu que tous ont une égale vocation et peuvent assurer les liaisons et consultations nécessaires selon leur choix. D'ailleurs, rien n'interdit d'organiser un tour de rôle permettant à chaque Etat d'avoir, à un moment donné, l'un des siens dans cette fonction.

Peut-être certains trouveront-ils complexes ces chevauchements dans le traitement des affaires. C'est cependant la volonté de voir l'Europe dotée d'un pouvoir politique émanant des Etats et d'un contrôle parlementaire conforme à la vie démocratique qui aboutit nécessairement à la suprématie des institutions politiques de l'Union et au rôle des organismes spécialisés qui assument spécifiquement des responsabilités communautaires.

Par là, d'ailleurs, on ne ferme pas, au contraire, la route aux évolutions qui apparaîtraient possibles ou souhaitables. Les deux institutions essentielles – l'exécutif assuré par le Conseil européen et le Parlement démocratiquement élu – entretiendront un dialogue permanent auquel les Parlements nationaux devraient être associés autant que nécessaire. L'intérêt commun étant assuré, le plus probable est qu'il conduira assez vite à la prise de conscience de la valeur pour chacun de l'Union européenne et de la réalité de son rôle et de son poids dans la communauté internationale. C'est, je le crois profondément, la voie la plus certaine pour réussir l'ambition que les Européens peuvent légitimement avoir pour leur continent. Ainsi s'exercera la souveraineté de l'Union, avec le consentement des Etats membres, par une marche progressive dans le domaine des relations internationales, face aux évolutions et aux risques qui peuvent apparaître, comme dans celui de la sécurité aussi bien extérieure, face aux menaces susceptibles de se manifester, qu'intérieure.

Ces politiques, pour être utiles et efficaces, doivent relever de règles communes évitant, on peut l'espérer, démagogie et surenchères. On voit d'ailleurs déjà, à cet égard, l'intérêt d'une politique d'immigration clairement coordonnée dans une Europe où la libre circulation ne peut que faciliter, sur une question aussi sensible, les désordres avec leurs conséquences.

Assurer en commun la liberté de l'Union européenne et le service de la paix entre les nations exige la contribution de chacun à ces objectifs, adhésion qui devrait être d'autant plus facile qu'il ne s'agit que de l'exercice d'un devoir élémentaire, tant pour nos peuples que pour la communauté internationale. Séquelles du passé, mais dont on ne saurait sous-estimer la réalité, les positions des membres de l'Union sont aujourd'hui encore divergentes. Les uns sont attachés à l'union militaire avec les Etats-Unis, d'autres tiennent à un neutralisme qu'ils considèrent comme la garantie de leur sécurité, d'autres enfin comptent d'abord sur leur effort national s'inscrivant dans l'alliance des pays de l'Atlantique Nord. La reconnaissance de la solidarité de tous pour la paix en Europe et de la légitimité du soutien de nos valeurs dans le monde devrait cependant amener tous les membres de l'Union à une organisation commune des moyens nécessaires pour répondre à cet objectif.

Deux questions préalables sont à résoudre. D'une part, dans la fidélité à l'alliance avec les Etats-Unis, constituer une organisation militaire propre aux pays d'Europe pour laquelle l'Union européenne occidentale peut offrir un cadre opportun. Susceptible d'agir par elle-même si les légitimes intérêts européens l'exigent, elle est aussi prête à s'associer aux Etats-Unis dans le cadre de l'Alliance atlantique si l'intérêt commun dans la vie internationale le justifie, car l'alliance Europe-Amérique demeure un engagement privilégié. Il s'agit bien d'un objectif essentiel pour l'Union européenne que de rassembler les moyens de chacun afin de disposer d'une capacité d'intervention pour le soutien de sa politique ou pour sa défense propre.

D'autre part, la Grande-Bretagne et la France disposent chacune de forces nucléaires, dont l'emploi est lié à la décision de leurs gouvernements. La sécurité de l’Union constituant un tout, il doit être entendu qu’elle est couverte, s’il était par malheur nécessaire, par les parapluies nucléaires de ces nations dans le respect de l’autonomie de chacun. Une certaine coopération franco-britannique pourrait être établie, tant sur le plan technique pour la constitution de ces forces que sur la finalité de leur mise en œuvre.

L’évocation des aspects institutionnels comme des problèmes de sécurité montre, s’il en était besoin, qu’au stade actuel de la situation politique en Europe on ne saurait méconnaître la nécessité de fonder l’action politique de l’Union européenne sur les réalités nationales.

Cela est également vrai dans bien d’autres domaines où il y a également lieu de reconnaître et ce qui a été accompli et la légitime nécessité de mieux s’adapter à l’ambition nouvelle d’une Europe puissance dans le monde qui doit donc disposer des moyens d’agir pour s’affirmer.

Car pas d’action sans moyens. Les ressources de l’Union européenne sont liées aux possibilités contributives de chaque Etat. Le budget de l’Union proposé par l’exécutif – le Conseil européen – est voté par le Parlement. Actuellement, le budget européen est alimenté par une contribution des Etats selon des règles convenues. Ce système a l'avantage d'associer les Parlements nationaux qui votent les budgets des Etats membres à la détermination des ressources financières de l'Union. Faut-il aller au-delà en fixant des taxes à un taux défini sur le plan communautaire qui, à l'instar des recettes douanières, seraient perçues dans chaque Etat par les administrations fiscales nationales mais pour le compte de l'Europe qui recevrait le produit de ces impositions? Le mérite de l'apparition d'impôts européens tient à la clarté qui en résulterait, sensibilisant les citoyens à la réalité de leur engagement pour l'Europe. En tout état de cause, un tel processus relèverait d'une délégation des Etats. S'il ne faut pas l'exclure, il convient d'en rester, au stade premier de l'Union, au versement de contributions des budgets nationaux, laissant pour l'avenir la possibilité d'une approche plus directe des ressources européennes.

Forte de sa démographie, de ses capacités techniques et de sa culture, l'Union européenne, rassemblant les énergies de ses membres, doit pouvoir apporter une contribution de première importance dans la vie internationale. Encore faut-il tenir compte des réalités, ce qui n'interdit pas la recherche d'une situation *sui generis* correspondant à cette exigence sans fermer la porte aux évolutions, aux réformes qui pourraient se révéler, avec le temps et l'expérience, souhaitables, possibles, nécessaires.

Naturellement, l'Union européenne hors les institutions essentielles – pouvoir exécutif et Assemblée démocratique le contrôlant – doit, pour son identité même, disposer des instruments utiles à l'exercice d'une véritable démocratie :

– Cour de justice pour contrôler le respect des droits fondamentaux des assujettis par les directives ou mesures arrêtées, en prenant mieux en compte qu'il n'a été possible de le faire jusqu'ici les limites d'un pouvoir de nature judiciaire qui ne saurait intervenir hors des domaines communautaires précisément définis;

– Cour des comptes pour assurer la régularité des opérations engagées, en contrôler les moyens de mise en œuvre ou protéger les droits légitimes des citoyens de l'Union qui auraient été méconnus et en auraient pâti à tort;

– contrôle constitutionnel des actions ou des textes de l'Union pour veiller aux abus de droit, interdire les empiètements de compétences et assurer la légitimité constitutionnelle des actes communautaires.

Dans le travail de réflexion sur les politiques à conduire, les conseils exécutifs, les organismes spécialisés et le Parlement sont utilement éclairés par des Assemblées consultatives dont les missions peuvent se poursuivre dans le cadre des nouvelles institutions de l'Union européenne :

– le Conseil économique et social rassemble des représentants des organisations professionnelles et syndicales, ainsi que des organismes associatifs jouant un rôle dans la vie culturelle et sociale, qui, engagés dans les Etats membres, sont qualifiés pour toutes les actions s'exerçant dans la vie économique ou sociale de l'Union. Ce sont les forces vives de l'Union. Aussi le Conseil économique et social doit-il persévérer dans son rôle d'organe consultatif des autorités de l'Union, exécutif et Parlement;

– le Comité des régions représentatif des collectivités locales à leurs divers niveaux (régions ou *Länder*, départements ou établissements de coordination, villes ou communes) peut apporter un éclairage utile dans les domaines concernant plus particulièrement ces communautés. Son rôle peut d'ailleurs être profitable quand il exprime les avis ou aspirations des collectivités locales des Etats, mais il ne saurait constituer un organe politique délibérant de l'Union qui pourrait apparaître comme une menace pour l'unité nécessaire ou comme un élément de discorde dans l'exercice démocratique des pouvoirs.

Son maintien dans le rôle de conseil consultatif des Conseils des ministres dans leurs compétences, voire du Conseil européen, limiterait ces inconvénients et pourrait lui permettre d'exercer un rôle non-négligeable dans les prises de position de l'exécutif européen. Nous ne proposons pas qu'il intervienne dans le processus parlementaire qui est lié à la notion de souveraineté, pour éviter le risque de conflits entre organismes ayant des spécifications et assurant des missions différentes.

La création de ces conseils a répondu à un besoin ressenti à une certaine époque du développement de l'Union européenne. Leur contribution a été intéressante et souvent utile. Malgré la complexité ou la lourdeur de leur intervention dans les processus de décision, l'apport de leur réflexion et de leurs propositions peut assurer une plus exacte prise de conscience des besoins et des réalités. Leur maintien, si l'on situe bien les domaines et modalités de leur intervention, permet d'apporter un plus aux politiques menées.

Le contenu organique de l'Union pourrait répondre ainsi à la double ambition d'un pouvoir s'affirmant dans les affaires du monde et s'exerçant dans une institution démocratique dont l'identité propre ne détruit pas la personnalité de chacun de ses composants.

VI

Une solidarité réelle,
fondement de l'Union

Nous avons souvent rappelé que l'Union des Européens exigeait pour être acceptée et vécue par tous qu'elle soit l'occasion et le moyen privilégiés de permettre l'épanouissement de chacun dans une solidarité réelle.

Les inégalités entre les partenaires d'aujourd'hui – et davantage encore avec ceux de demain – sont certaines. Si le niveau de développement des Etats de l'Europe de l'Ouest n'est pas identique pour tous, l'écart est encore plus grand entre l'Europe occidentale et l'Europe centrale ou orientale, qui était, pendant près d'un demi-siècle, soumise au joug soviétique.

Si l'avènement de l'Europe a pour finalité sa participation active aux affaires du monde, on ne saurait oublier que le rassemblement de tous les pays de notre continent tend aussi à assurer, dans l'union de nos peuples, un même niveau de vie et un mode d'existence équivalent. Notre conception commune de l'homme et de sa dignité comme l'ambition de voir nos peuples unis dans le respect de leurs identités l'exigent.

Dans le monde et hors d'Europe, conformément aux efforts de la communauté internationale pour que s'exprime la solidarité au bénéfice des peuples les plus démunis ou handicapés dans leur développement, l'Union a sans doute des responsabilités plus particulières à l'égard de certaines zones comme c'est d'évidence le cas pour l'Afrique. Il serait donc normal – et sans doute l'efficacité y trouverait-elle aussi son compte – que, dans cet immense devoir reconnu par tous, la solidarité internationale s'organise, sans qu'il s'agisse de créer des zones d'influence exclusive, en fonction des proximités géographiques. Ce qui veut dire que l'action mondiale pourrait s'organiser en tenant compte des vocations plus particulières, l'Amérique du Nord agissant non exclusivement mais prioritairement à l'égard des pays d'Amérique centrale et d'Amérique du Sud, l'Europe en Afrique, les pays émergents d'Asie et du Pacifique dans leurs zones de rayonnement.

Ces actions relèvent des affaires extérieures de l'Europe agissant comme catalyseur des efforts nationaux et se situent au niveau international dans les instances ayant à en connaître, Organisation des Nations unies et Organisation mondiale du commerce, notamment. On peut considérer sans illogisme que le prix de telles mesures justifie en retour des réglementations ou des conventions préservant les producteurs européens de distorsions injustifiées.

Si l'Europe peut avoir pour des buts précis ses zones d'action privilégiées, l'objectivité des situations impose que certaines actions ciblées soient menées dans des pays déterminés. De même, il ne doit pas être exclu que tel ou tel Etat puisse, en fonction de l'histoire ou d'intérêts particuliers, agir par lui-même au profit d'un partenaire, les Conseils des ministres européens étant tenus informés de ces opérations spécifiques.

Si l'Union européenne, dans sa mission de puissance au service de la paix, doit remplir son devoir de participation à la solidarité entre les peuples du monde, sa raison d'être lui dicte, sur le continent, une aussi ardente obligation, mais dans un mode d'intervention plus précis, car défini entre partenaires réunis par une ambition commune.

La solidarité s'exprime d'abord en Europe par le niveau de vie des citoyens, ce qui implique bien des données (salaires, impôts, charges sociales, assistance...) et ne peut être soudainement résolu tant diffèrent entre les pays et même, à certains égards, d'une région à l'autre, les législations et les habitudes. C'est donc une approche prudente qui exige la concertation à plusieurs niveaux, car des mesures sociales sont nécessairement liées aux données économiques, aux coûts de production et à ce que la concurrence permet de supporter.

Si nous devons avoir le sens de ce qui unit et du devoir des mieux nantis à l'égard des plus démunis, il faut, dans un domaine aussi sensible, avoir aussi le sens des réalités.

Sans doute les politiques conduites par l'Union en Europe se placent dans cette perspective, à travers les investissements ou par des mesures visant à compenser les handicaps de certains, tels les fonds structurels régionaux. Elles justifieront, pendant un certain temps du moins, que de telles actions s'inscrivant dans un cadre original ne s'appliquent qu'à quelques-uns et dans certaines conditions. Il y aura donc diversité des politiques, les unes véritablement communes, d'autres limitées et variables. C'est dire, selon l'expression consacrée, qu'il y aura des politiques européennes « à plusieurs vitesses », ce sur quoi nous nous expliquerons plus loin.

Il est évident aussi que les mesures qui pourraient être prises par l'Union européenne dans le cadre des échanges commerciaux auront une incidence particulière sur les activités de certains secteurs ou pour quelques pays. Le marché intérieur devra s'adapter aux données d'une économie globalisée. Si l'existence d'un marché unique en Europe va nécessairement vers une adaptation progressive et une harmonisation générale, il ne faut cependant pas méconnaître les perturbations qui peuvent en résulter pour les hommes comme pour les intérêts régionaux. C'est pourquoi l'Union européenne doit tenir compte de ces réalités dans leurs différentes conséquences et ne pas bousculer par une action trop intempestive et trop précipitée les facteurs économiques dans les secteurs en évolution.

Le champ est plus ouvert pour ce qui est des politiques sociales. Elles relèvent sans doute des exécutifs, européen et nationaux, mais aussi – et peut-être plus largement – du dialogue constructif entre les partenaires sociaux dans les structures professionnelles ou sur un plan plus général. C'est ici que le Conseil économique et social, à la mesure de sa représentativité, devrait jouer un rôle particulier d'incitateur, de conseiller, voire d'arbitre selon les circonstances.

La prudence de ces propos ne doit pas amener à penser que le volet des progrès à accomplir pour tous, sur le plan social, serait accessoire. Ce n'est d'ailleurs pas un hasard si la Communauté européenne n'a guère connu d'avancées dans ce domaine. La bonne volonté des gouvernants comme des acteurs sociaux n'est certainement pas en cause. C'est que le sujet est délicat, même difficile, car il dépend de l'intervention de nombreux paramètres économiques comme de facteurs politiques et sociaux et même, à certains égards, de traditions culturelles.

A la solidarité des hommes s'ajoute celle que l'Union européenne doit manifester pour un développement d'équilibre de l'ensemble du continent. Car on ne saurait méconnaître l'héritage de l'histoire. Au-delà même de fondements objectifs comme l'existence de ressources naturelles, les moyens de communication, voire les niveaux de formation, ou des considérations de caractère plus politique ont conduit ou bien à l'immobilisme destructeur ou, au contraire, à une mise en valeur assurant des avancées économiques, sociales, culturelles et, pourquoi pas?, politiques. Sans oublier, bien évidemment, la situation particulière des pays qui étaient enchaînés dans le système soviétique.

Pour assurer à tous, à partir du constat de ce qui existe, une égalité des chances de développement, interviennent à la fois les mesures générales s'appliquant dans toute l'Europe et des actions spécifiques applicables à certains pays, à certains secteurs ou dans certains domaines. L'expérience d'une telle politique a déjà été conduite, et avec une certaine efficacité, par la Communauté européenne à travers des programmes d'action (fonds structurels européens) ou des interventions plus générales (politique agricole commune). Une adaptation permanente de ces politiques doit être réaliste et tenir compte des résultats acquis comme de difficultés nouvelles liées à l'évolution de certaines activités ou de certains marchés.

Comme on le sait, les contributions des Etats membres au budget actuel de l'Union européenne sont largement différenciées. Cela résulte de l'histoire et des conditions dans lesquelles la contribution de quelques-uns a été fixée. Le temps est arrivé où le calcul des montants et le principe des participations sont mis en cause, tandis que l'entrée des pays d'Europe centrale et orientale dans l'Union nécessite un effort propre faisant augmenter sérieusement la facture. Comme le temps présent exige de chaque gouvernement des efforts importants pour faire face aux conséquences d'un chômage qui tend à être endémique, la tendance de chacun – donc de tous – est, dans le cadre des budgets déjà lourds pour les contribuables, de stabiliser les dépenses, rendant donc très difficile, en tout cas dans des limites contraignantes, l'augmentation de l'effort de chacun. Il est à souhaiter que ne soient pas compromises les possibilités d'agir dans des domaines aussi importants pour le présent et pour l'avenir.

Des économies sont à rechercher et semblent d'ailleurs possibles sur des dépenses moins nécessaires, voire dans les modes de fonctionnement des institutions. L'on retrouve ici la prééminence du politique. C'est avec le souci de l'avenir, en déterminant les domaines essentiels des actions à mettre en œuvre, que le Conseil européen va devoir trancher. Tout est lié à l'effort que chacun consentira. Les sacrifices seront d'autant mieux compris et acceptés qu'ils apparaîtront nécessaires pour tous et porteurs d'avenir pour chacun. Une fois encore l'adhésion des peuples, donc des Etats, apparaît bien pouvoir être la seule clef.

Nous avons évoqué dans les politiques de l'Union l'intérêt ou même la nécessité de variables dans leur mise en œuvre. Il s'agit bien, en décidant de mener des actions à plusieurs vitesses, de tenir compte de la situation de chacun et de la nécessité de permettre son intégration dans l'Europe unie d'une manière progressive. C'est aussi répondre à l'exigence de solidarité. Le Conseil européen assure l'égale participation de tous dans la conduite générale de l'Union comme dans les débats des politiques à suivre. De même, tous les Etats doivent être associés dans les missions des Conseils spécialisés des ministres ou encore de la Commission. Pour autant, tous les pays – et notamment ceux qui sont en retard dans de nombreux secteurs du fait de leur enfermement dans le bloc soviétique – ne peuvent participer pleinement, à part égale, à toutes les actions communautaires. Il en est ainsi particulièrement des domaines économique et social. Comme on ne peut leur imposer des règles inadaptées à leurs avancées actuelles, des mesures plus particulières seront assurées au travers d'instances spécifiques afin que leurs évolutions à venir s'inscrivent harmonieusement dans les politiques communes.

Il en est ainsi, par exemple, de la politique agricole. Les conditions présentes de l'agriculture dans les pays de l'Est, conjuguées aux modalités économiques et financières héritées du régime communiste, font que l'intégration de leurs productions dans le marché européen entraînerait des distorsions graves tenant au volume, à la qualité et au prix de revient de celles-ci. Il y a donc à conduire dans ce secteur important des actions d'amélioration de la qualité, des méthodes d'élevage ou de culture qui relèvent d'une organisation communautaire spécifique. Et il en est de même pour les facteurs économiques et pour la place de ces productions à intégrer dans les échanges extérieurs, afin d'éviter des concurrences anormales intra-européennes.

De telles modalités seront nécessaires pour des durées variables et dans des conditions différentes selon les pays et selon les secteurs d'activité. Car le but demeure de voir tous les Européens de tous les pays participer sans distinction au développement de l'Union.

Pour les hommes, les actions porteront sur les conditions de travail, le niveau des salaires, les régimes des soins médicaux, les régimes sociaux et jusqu'au statut des personnes.

Pour ce qui est des entreprises, leur gestion est naturellement conditionnée par le niveau et par la nature des charges qu'elles doivent supporter comme par les conditions de détermination des prix et du régime des échanges. Il s'agit pour elles de distinguer les distorsions injustifiées dans la commercialisation des produits ou l'évolution vers une certaine concentration pour faire face à des concurrences déséquilibrées.

On comprend que ces problèmes doivent être gérés sans conformisme, sans idéologie paralysante, et que la diversité des situations impose, si l'on ne veut pas compromettre les chances de rapprochement, la recherche d'avancées progressives facilitant les évolutions pour ne pas priver totalement un pays ou un secteur d'éléments de richesse qu'un bouleversement trop rapide des conditions de production ou de commercialisation pourrait faire disparaître.

La solidarité doit s'exercer aussi, avec la même optique, entre les pays et les régions. Maintenir des activités exige chez certains la transformation des procédés de fabrication et de commercialisation comme des modes de gestion. Ici aussi, ce sont des politiques d'équipements publics – moyens de communication, par exemple – comme des filières de formation ou des conditions économiques mieux adaptées qui exigent des délais si l'on ne veut pas déstabiliser des situations délicates.

Tenir compte des réalités dans la conduite des affaires, accepter les limites des interventions publiques dans un marché de plus en plus ouvert, s'engager avec prudence dans une uniformisation qui risque davantage de détruire des activités que de créer des emplois n'est pas abandonner toute ambition dans le progrès social qui doit accompagner le progrès économique.

Pour y parvenir, les échanges permanents entre les acteurs politiques, économiques et sociaux, sont sans doute les moyens les plus utiles. Et sur le plan européen, le rôle du Conseil économique et social comme du Comité des régions peut apporter un plus à la réflexion des responsables. Car il faut, d'abord éviter que des idéologies d'apparence généreuse ne conduisent à l'échec parce que l'on n'aura pas su comprendre les réalités de la vie économique ni leurs incidences dans le champ social.

Dans ces questions difficiles, du fait de situations fort différentes pouvant créer chez certains des risques redoutables, il faut, plus qu'ailleurs sans doute, laisser le temps au temps.

VII

De quelques problèmes
et de leurs données

Si l'avènement de l'Union européenne représente pour chacun des pays d'Europe une chance et un espoir, il ne faut pas se dissimuler que l'entreprise, pour fondée qu'elle soit, appelle à résoudre un certain nombre de problèmes qui apparaîtront au fur et à mesure de la marche en avant qui doit permettre l'affirmation de la volonté commune de vivre ensemble.

A ce titre, trois questions paraissent devoir être mises en évidence, car elles se posent dès à présent, et la réponse qui peut y être apportée conditionne assez largement le climat qui accompagnera les premiers pas de l'Union européenne.

Première question : permettre à l'euro de jouer pleinement son rôle au service du développement de l'Europe.

L'un des faits les plus marquants et les plus importants dans la vie européenne est sans conteste la création de l'euro, monnaie unique instaurée entre onze pays d'Europe, aujourd'hui dans la première phase de son avènement. C'est une aventure que justifie l'ambition qu'elle permet. Il est malheureux que tous les pays n'aient pas, d'entrée de jeu, cru pouvoir adhérer à ce club, mais on peut légitimement et raisonnablement espérer que, dans un avenir proche, tous les pays d'Europe pourront s'y engager. Il est vrai que la monnaie est un moyen privilégié pour le développement, un atout dans la compétition internationale et un paramètre d'une réelle importance dans la vie économique et sociale.

Dans la concurrence entre les nations que différencient, quand elles ne constituent pas des facteurs d'inégalité, les données politiques, économiques et sociales, il est souhaitable que la gestion de l'euro soit à même de répondre aux exigences d'un commerce international équitable, non faussé par des contraintes inacceptables. Cette considération a deux exigences :

– d'une part, que l'Organisation mondiale du commerce tienne compte, dans la circulation des échanges, de l'ensemble des facteurs qui peuvent déterminer le coût des productions. S'il apparaît ainsi des distorsions sérieuses et illégitimes de concurrence, il faut établir des règles ou des mesures propres à les corriger – ou au moins à les atténuer –, telles la fixation de contingents d'importation ou la création de taxes autant que possible dans un cadre négocié avec les partenaires ;

– d'autre part, qu'à l'intérieur de la zone de l'euro des dispositions harmonisées – sinon communes – puissent limiter les distorsions susceptibles d'exister entre les productions ou services des Etats membres.

Les mesures que nous venons d'évoquer relèvent de l'exécutif communautaire et de la concertation des gouvernements dans le cadre de l'Union européenne. La Commission doit y tenir sa place.

Il ne faut pas méconnaître le fait que, en raison du rôle de la monnaie dans l'économie mais aussi dans le domaine social, les exécutifs, communautaire ou nationaux, ne peuvent s'en désintéresser. La légitimité de leur action dans la politique monétaire ne saurait être méconnue. Comme il est tout aussi important que la gestion de la monnaie ne soit pas déviée ni polluée par des considérations relevant plus de l'opportunité politique que de sa défense bien comprise. Cette considération a conduit à l'indépendance de la Banque centrale européenne vis-à-vis de l'exécutif, à l'exemple de ce qui a été fait en France, en Allemagne ou ailleurs pour les banques centrales nationales. Plutôt que d'un conflit entre détenteurs du pouvoir politique et du pouvoir monétaire, il faut que le dialogue existe entre la Banque centrale européenne, d'une part, et les gouvernements associés, d'autre part. Le plus simple – donc le plus sage et pas nécessairement le moins efficient – est que les ministres des Finances de la zone euro soient réunis avec les dirigeants de la Banque centrale pour examiner l'incidence de la valeur de l'euro et de sa place dans le marché sur la politique communautaire dans ses aspects économiques ou sociaux, et s'attacher à rechercher ensemble les voies propres à valoriser l'Union dans ses échanges avec l'extérieur. Le Conseil européen devrait, en cas de difficultés, être saisi du problème et en débattre avec le conseil de la Banque centrale ou son autorité exécutive. Le but est de rechercher un accord, faute duquel le Conseil européen pourrait fixer à l'unanimité une ligne de conduite pour le conseil de la Banque centrale européenne. Encore faut-il que la construction de l'Union européenne prévoie une telle procédure de concertation et d'intervention !

La deuxième question, liée d'ailleurs à la première, tient à la mondialisation de l'économie, facteur de progrès mais aussi de risques.

L'euro peut et doit être un moyen privilégié

de présence de l'Union européenne dans la vie économique internationale. Encore faut-il bien voir, comme nous venons de l'examiner, qu'il est un facteur essentiel de la vie économique et sociale de l'Union. Quelle que soit sa valeur, les échanges se situent dans un marché de plus en plus universel. Si cette mondialisation de l'économie a un côté bénéfique, il ne faut pas oublier les incidences des coûts de production pour la vie des entreprises ou la situation sociale. Car le risque est réel que des pays sans régime de protection pour la santé ou la retraite, où les niveaux de salaires sont très bas, les conditions de travail arriérées – quand elles ne sont pas attentatoires à la dignité humaine –, puissent ainsi proposer des produits à des prix défiant toute concurrence. D'autant que, pour nous, il ne saurait s'agir de revenir sur des acquis concernant les conditions et le niveau de vie. Car l'entraînement des prix vers le bas, dont on connaît déjà les conséquences pour nos agriculteurs et nos éleveurs, peut aussi avoir les effets les plus nuisibles dans d'autres secteurs. Sans doute la recherche d'économies dans les prix de revient est-elle toujours légitime. Encore faut-il apprécier ce problème avec réalisme. Les incidences sur les coûts des charges sociales ou fiscales méritent sans doute une veille constante pour s'assurer de leur bien-fondé. Plutôt que des solutions globales, difficiles à définir et encore plus à mettre en application, il faut rechercher les moyens les mieux appropriés pour limiter le poids de ces dépenses en fonction des situations existantes. Mais ce ne peut être que par des avancées progressives, nécessitant du temps, s'inscrivant dans le cadre des marchés – européens ou extérieurs – que l'on répondra à la nécessaire adaptation des prix de revient.

Cet effort interne n'interdit pas que, devant les distorsions les plus nuisibles ou les moins justifiables, des mesures spécifiques – contingentement d'importations ou institution de taxes compensatoires – puissent intervenir le temps nécessaire dans le cadre de l'Organisation mondiale du commerce.

Il ne faut pas non plus oublier les dangers qui peuvent résulter de l'insertion, à travers l'internationalisation du marché, de marchandises ou d'actions ne répondant à aucun besoin économique qui trouvent leur rentabilité dans leur caractère illicite : trafic de drogues, négoce d'armes...

Si le laisser-aller-laisser-faire ne peut être, pour un pays ou un continent, une conduite compatible avec les responsabilités du pouvoir assumant ses devoirs vis-à-vis de ses administrés et respectant leurs droits légitimes, nous ne pensons pas que, à l'inverse, s'enfermer dans ses frontières et vivre en autarcie puisse être une attitude bénéfique pour le progrès, tant dans le domaine des capacités technologiques que dans la vie économique et sociale. Nous avons évoqué les voies possibles pour limiter les dangers d'une concurrence fondée sur des moyens peu acceptables. Précisons que les discussions sur les situations en cause et sur les mesures plus ou moins restrictives aptes à pallier les risques devraient se situer dans le cadre de l'Organisation mondiale du commerce, afin de parvenir à des solutions équitables. S'il se révélait impossible qu'un compromis répondant aux légitimes préoccupations d'un marché intervienne, des mesures limitées, en particulier dans le temps, pourraient être prises. Les situer dans le cadre d'accords limités aux partenaires les plus concernés nous paraîtrait, dès lors, la voie la plus opportune en ce qu'elle permettrait de prendre le mieux en compte les intérêts de chacun.

Le troisième problème est d'ordre interne à l'Union. Il est lié aux degrés d'avancement dans différents domaines des capacités de chacun des pays, de leurs entreprises, de leurs laboratoires, de leur niveau social, bref des éléments de concurrence qui peuvent en résulter avec, pour conséquence, le risque de déstabilisation des relations économiques ou sociales dans l'Union.

Nous avons déjà évoqué ce problème et indiqué la nécessité de mener des politiques différenciées, dans des secteurs ou pour des partenaires déterminés, afin de faciliter leur progression vers des niveaux de développement analogues. Pour autant, ces mesures de transition dans le temps et dans la détermination des coûts ne font pas disparaître totalement les distorsions, facteurs de concurrence à un degré excessif pour être considérées comme bénéfiques. Les Conseils des ministres et la Commission européenne auront donc à définir des mesures propres à atténuer les effets les moins justifiés de telles situations.

Il faut bien voir aussi qu'il y a dans la concurrence des aspects positifs, tenant en particulier aux avancées technologiques comme aux moyens de production ou aux modes de gestion. Chaque Etat aura à cœur de préserver ses acquis, comme les entreprises leurs gains dont le consommateur sera le premier à bénéficier.

Il y a donc dans l'Union des courants contradictoires. Les uns répondent à une volonté d'harmonisation ou d'alignement. Dès lors sont recherchés les règlements uniformes dont il faut mesurer qu'ils peuvent toutefois constituer un frein tant dans le progrès des techniques que dans les conditions économiques. L'uniformisation n'est donc pas à vouloir systématiquement. Les autres considèrent que les succès réalisés par l'effort pour obtenir des produits ou des services apportant au consommateur à la fois la qualité la mieux assurée, le degré le plus avancé et le coût le plus avantageux justifient la liberté tant pour les collectivités que pour les entrepreneurs.

On comprend par là que les différences existant dans divers domaines concernant la vie intellectuelle, le développement économique ou le progrès social justifient que l'Union européenne, pour son développement comme pour son rayonnement à l'extérieur, s'attache avec réalisme à mesurer les facteurs favorables à l'affirmation de son identité, mais aussi à ne pas imposer des contraintes ou des unifications dont les effets négatifs pour certains doivent être mesurés.

C'est là, dans une question aussi complexe et aussi délicate, que la Commission mais aussi les institutions spécialisées tels que le Conseil économique et social, le Comité des régions, la Cour des comptes, ont un rôle d'une particulière importance à tenir : ils doivent éclairer le Conseil européen comme les Conseils des ministres et le

Parlement européen de leurs avis et de leurs observations.

Au-delà de ces questions, les plus immédiates et les plus contraignantes pour lesquelles l'union de tous dans la recherche du bien commun justifie pour chacun son engagement dans l'aventure européenne, il est des situations qui méritent d'être clairement abordées.

Pour ce qui la concerne, la France a une position originale dans le monde. Davantage que des considérations égoïstes ou des intérêts matériels, des parties de la république sont dispersées dans tous les continents. Pour ce qui est des départements et territoires d'outre-mer, ils sont français à part entière et doivent donc bénéficier de la solidarité européenne, pour les personnes et pour les produits. Par là, la France constitue pour l'Union une passerelle vers des zones géographiques qui ajoutent à l'influence et à l'autorité des Etats membres dans le cadre international.

VIII

Pour difficile qu'elle soit,
une ambition à réussir

C'est trop souvent un trait du caractère français que de s'enflammer pour une idéologie sans toujours avoir conscience de la situation devant laquelle on se trouve. Dans la construction de l'Union européenne, c'est à partir de l'analyse de la réalité qu'il importe de déterminer les voies les plus sûres, et donc les plus efficaces, pour que s'impose l'Europe comme acteur de premier plan dans la vie internationale.

Les Français qui ont vécu la campagne pour la première élection au suffrage universel, en 1965, du président de la République se rappellent le général de Gaulle évoquant ceux qui, sautant comme un cabri, s'en vont criant l'Europe! l'Europe! sans mesurer la réalité de la situation des Etats européens ni les sentiments assez différents des uns et des autres sur l'union à bâtir.

Nous avons déjà affirmé notre conviction que l'Europe peut être notre destin dans le respect de ce que nous sommes et pour permettre à notre continent de tenir dans la communauté internationale le rôle qui doit être le sien dans la fidélité à nos valeurs traditionnelles.

Qu'on le veuille ou non, chaque pays, chaque peuple a conscience de son identité comme de ses droits légitimes, et l'on ne saurait rien bâtir de solide et de durable qui ignore cette vérité. C'est pourquoi l'idée d'imposer un pouvoir européen en dehors des pouvoirs nationaux est une vue de l'esprit, satisfaisante sans doute pour des spéculations intellectuelles, mais utopique et donc dangereuse.

C'est par une approche pragmatique que doit être engagée la marche vers l'Union dont le cadre institutionnel doit être assez ouvert pour permettre les avancées que l'intérêt commun ou le rôle de l'Europe en tant que telle dans le monde permettraient ou nécessiteraient.

Car il s'agit d'une création originale, innovante. Elle doit laisser le temps au temps et, naturellement, ne pas interdire toute évolution dans l'avenir.

De même, il ne faut pas considérer que les structures ou les modalités de fonctionnement de la Communauté européenne, fixées sur des bases ne correspondant pas à la nature nouvelle de l'Europe, acteur dans le monde, soient immuables. Alors, le poids du passé se révélerait vite inadapté dans nombre de circonstances au projet politique que porte l'Union. L'enfermer dans un cadre dépassé ne répondant pas aux espoirs que nous mettons en elle ni à l'existence d'un pouvoir politique exprimant une volonté commune trouverait vite ses limites, entraînant par là une crise dont on ne peut que redouter les conséquences.

La construction de l'Union européenne est incontestablement fragile. Notre conviction doit la soutenir comme le pragmatisme l'inspirer.

L'expérience a montré que le Conseil européen, et lui seul, peut être le moteur de sa réalisation. C'est donc un accord des gouvernants ayant la responsabilité des États membres qui doit intervenir. C'est sans aucun doute le cadre le plus légitime et le mieux à même d'établir un projet cohérent avec les pouvoirs nationaux. Naturellement, il appartient à chacun des gouvernements de s'entourer des avis ou de mettre en œuvre chez lui les procédures propres à la détermination de l'organisation européenne.

Il paraît tout aussi normal et nécessaire que les gouvernants des pays européens candidats à l'Union européenne participent, dans un cadre et dans des conditions déterminés par le Conseil européen, à la nécessaire concertation sur une création qui les concerne directement et à laquelle ils apporteront, n'en doutons pas, une participation utile.

Ne nous dissimulons pas la difficulté de l'entreprise. Chaque Etat a ses intérêts et ses pesanteurs propres, comme ses atouts. Chacun a ses particularismes et entend légitimement les maintenir en espérant que l'avènement de l'Union européenne permettra, sur le plan extérieur, de soutenir les valeurs communes et, sur le plan intérieur, d'assurer le progrès économique comme les avancées sociales pour tous sans distinction ni exclusion.

L'initiative appartient donc au Conseil européen, et il est à souhaiter que ses membres aient la même volonté d'aboutir et la même conscience de l'urgence de s'attaquer à la construction de l'Union européenne. Si, pour les Occidentaux, c'est-à-dire les quinze Etats membres de l'Union, la nécessité de ne plus tarder n'est pas obligatoirement ressentie, il n'en est pas de même pour nos frères de l'Est qui, trop longtemps séparés, comprennent d'autant moins le peu d'empressement de répondre à leur attente qu'ils ont conscience du rôle qu'ils ont pu tenir dans l'effondrement du système soviétique et donc de la menace que ce système faisait peser sur tous.

Sans doute, la situation des pays de l'Est pose des problèmes et notamment du fait, conséquence du communisme qu'ils ont subi, de leurs retards économique et social. On ne connaît que trop les énormes besoins qu'ils exigent. Certainement leurs gouvernants sont les premiers conscients de ces handicaps et de la difficulté d'y porter remède. Les mutations profondes auxquelles la société doit faire face, tant dans le système économique avec les restructurations qui seront nécessaires qu'à l'égard des hommes dont l'exclusion du travail est l'aspect le plus visible et la réalité la plus dramatique, exigent pour tous des sacrifices, alors que les moyens sont limités.

Ce sont donc des solutions variées dans des modalités adaptées au réel qui sont à rechercher, car la généralisation de mesures applicables à tous n'est, sans aucun doute, pas envisageable. Nous avons déjà évoqué la nécessité d'ajustements variables et de la conduite, dans l'Union européenne, de politiques à plusieurs vitesses.

En revanche, tout milite pour le rassemblement rapide de tous les pays d'Europe dans l'union politique. Dans les domaines des relations extérieures, de la sécurité intérieure et extérieure, nos frères de l'Est peuvent apporter une contribution utile, fruit de leur expérience propre et disposant de moyens que tous n'ont pas. L'urgence est bien leur entrée à part entière dans l'Union européenne. Nous voulons dire par là que leur participation au Conseil européen, dont la première mission sera désormais la présence originale de l'Europe dans le monde, répond à l'intérêt bien compris de tous. Que, dans les domaines de l'économie ou de la vie sociale, il faille des étapes et des mesures particulières est compréhensible et donc acceptable par tous. Pour autant, la marche vers le progrès économique et social sera engagée et l'avenir ne sera pas bouché.

La prise en considération de la situation particulière de nos frères de l'Est milite aussi pour une création qui assure le respect de l'identité de chacun et crée à la fois des droits et des devoirs communs. Ce qui milite aussi pour une réelle novation de l'Union européenne qui, sans oublier ce que nous lui devons, est naturellement profondément différente de la Communauté telle que l'a organisée le traité de Rome.

L'essentiel réside dans la présence de l'Europe dans le monde et dans la solidarité des Etats membres. Pour autant, il serait néfaste que les pouvoirs de l'Union s'occupent de tout. Le principe de subsidiarité apporte à cet égard une limite à un centralisme excessif. Mais il importe de s'en tenir au nécessaire pour notre ambition commune sans interférer à tout propos dans des questions qui ne répondent pas aux finalités premières. N'alourdissons pas, par des interventions technocratiques sans justification réelle, le fonctionnement de l'Union comme la tendance s'en est déjà trop manifestée. L'Europe répond à une mission plus qu'à une tâche d'administration.

Si le Conseil européen est l'autorité qualifiée pour ouvrir la voie, l'effort doit être entrepris d'abord par chacun. Il faut souhaiter que le débat préalable à conduire dans chaque nation se situe hors des clivages partisans et, dépassant les calculs ou les blocages de politique intérieure, s'attache à l'essentiel : choisir les voies et moyens propres à fonder une Union européenne solide, capable de tenir le rang éminent qui doit lui revenir sans enfreindre l'identité de chaque Etat ni le rôle propre qu'il peut tenir en Europe et dans le monde.

Alors que, jusqu'ici, la marche de l'Europe vers l'Union est réelle dans l'évolution des institutions comme dans des acquis tels que l'élection du Parlement européen, le Marché unique, la création de l'euro, il n'est pas contestable que le Conseil européen en a été l'auteur principal. Si des décisions moins justifiées sont intervenues, elles résultent davantage de comportements ou de circonstances que d'une réelle volonté politique. Ainsi peut-on considérer, non sans fondement, que les principes d'organisation ou de fonctionnement des institutions européennes, tels que nous les avons évoqués, pourront rallier les vues des responsables politiques et notamment des gouvernants, car ils assurent le rôle de leur autorité sans interdire l'apparition et le développement de l'Union.

Cette voie pragmatique et ambitieuse à la fois implique que, dans le débat entre les gouvernants, s'imposent le respect mutuel des convictions, la compréhension à l'égard des besoins ou des aspirations de chacun et soient écartés les arrière-pensées ou les calculs qui viseraient avant tout un gain de pouvoir pour soutenir des intérêts propres.

On s'aperçoit d'ailleurs qu'une évolution dans ce sens s'accomplit en France à l'occasion de la campagne pour les élections Européennes, tel le programme socialiste (résolution de la convention du 10 avril 1999) qui abandonne expressément la notion de « fédération d'États » pour celle d'Union librement consentie de nations et de peuples dans le respect du génie de chacun ».

L'importance de l'enjeu pour l'avenir de la France et des Français exige sans contestation possible que l'organisation nouvelle de l'Union européenne, de ses institutions, des domaines et des modalités de ses interventions soit débattue publiquement et reçoive la nécessaire approbation du peuple. La constitution de l'Union européenne devra donc être soumise au référendum. Il serait même souhaitable, pour un tel engagement, qu'une majorité qualifiée, au-delà de la majorité simple des 50 %, et qu'un pourcentage minimal de participation des citoyens au scrutin soient, si possible, précisés. Cela nécessiterait sans doute des mesures particulières, mais l'intérêt de l'expression claire et large de l'approbation par le peuple, et donc de l'engagement résolu du pays, est à ce prix.

IX

L'Europe, espoir commun

Si l'Union européenne est un grand espoir pour les peuples de notre continent, il faut aussi qu'elle réponde aux aspirations légitimes de ses membres. Pour la France, comme pour tous les pays européens, c'est à la fois une voie prometteuse, mais aussi un pari dont il importe de réunir les conditions du succès.

L'Union européenne, affirmant une présence active dans la vie internationale et un projet de progrès économique et social pour les peuples qui la composent, exige de se situer pleinement dans cette nouvelle ambition et donc d'avoir l'audace d'un renouveau. Il ne saurait s'agir de prolonger avec quelques aménagements la Communauté économique européenne de 1957, mais, sans renier ce qui a été accompli dans un cadre aujourd'hui dépassé, d'ouvrir les voies de l'avenir.

C'est d'abord l'Europe dans sa réalité

historique et physique tenant compte des situations particulières de chacun, mais s'affirmant dans son unité politique sur la scène internationale.

A cet égard, il faut affirmer des objectifs clairs et mettre en ordre les responsabilités de chacun.

Le Conseil européen, émanation des pouvoirs nationaux, et le Parlement européen, représentatif des peuples de l'Europe, sont les acteurs essentiels de l'Union à venir. Pour que l'Europe soit une démocratie vivante, les pouvoirs nationaux – Conseils des ministres et Parlements des Etats – doivent être associés, aux stades et aux conditions les plus adéquats, tandis que le Conseil et le Parlement européens doivent être assistés dans leur mission par des organismes spécialisés, notamment la Commission dont la composition devrait être revue et la compétence précisée, des instances propres à seconder le pouvoir exécutif dans sa charge et naturellement le Conseil économique et social ou le Conseil des régions.

L'Union européenne ne devrait légitimement intervenir que dans les domaines dont la responsabilité lui est reconnue sans s'embarrasser – comme ce fut hélas! le cas – par des réglementations et des interventions accessoires dans des questions n'apportant rien à l'Europe. Pour cela, le principe de la subsidiarité doit être rigoureusement respecté, comme les votes doivent être réglés, selon la nature des actes, par des majorités définies avec une pondération tenant compte de la réalité de chacun des Etats membres.

Une volonté politique assurée et un effort de recherche d'un consensus commun doivent inspirer les gouvernants des Etats membres dans la définition et dans l'organisation des pouvoirs dans l'Union. Nous avons voulu par ces pages apporter des éléments de réflexion dans le souci d'éclairer les problèmes et de suggérer des voies.

Car l'Europe doit être pour chacune de ses nations une chance de s'affirmer dans la vie de l'Union comme dans le monde. Ce qui ne doit pas limiter les interventions de chacun qui, en fonction de son passé comme de données plus actuelles, peut intervenir dans quelques pays ou quelques régions par des mesures spécifiques. En définitive, c'est l'Union tout entière qui, par là, pourra gagner en crédibilité et en influence.

La France a incontestablement un rôle à jouer dans l'Union et au travers de l'Union. L'Europe peut être une occasion de voir nos vieux pays manifester, avec leurs valeurs et leurs moyens, une présence dans le monde où chacun, avec les éléments particuliers qu'il peut y apporter, a sa place alors que, isolé dans le monde, aucun ne pourrait, le plus souvent, y tenir un rôle propre.

Pour la France, le repli sur elle-même dans l'Hexagone, quelles que soient ses spécificités, ne répond ni à sa vocation, ni à son génie propre. Sans doute faut-il affirmer, plus que jamais, une volonté forte et non s'abandonner à la facilité du laisser-aller-laisser-faire.

Ceux qui ont confiance dans les capacités françaises ne redoutent pas que l'Union des Européens puisse y faire obstacle. Cela dépend bien sûr de nous, de notre présence active sur les dossiers de l'Europe et dans le monde. Ne négligeons pas les chances qu'apporte l'Europe, garante de liberté, facteur d'épanouissement et creuset de l'amitié entre nos peuples.

C'est un défi, mais il mérite d'être relevé avec ténacité et courage. Pour qu'arrive dans sa réalité, sans équivoque et sans timidité, l'« Europe unie des Etats ».

Table des matières